M. DE FRANQUEVILLE

CONSEILLER D'ÉTAT

DIRECTEUR GÉNÉRAL DES PONTS ET CHAUSSÉES

ET DES CHEMINS DE FER

SA VIE

ET SES TRAVAUX

PAR

M. F. JACQMIN

Ingénieur en chef des Ponts et chaussées

Directeur de la Compagnie des chemins de fer de l'Est

PARIS

LIBRAIRIE HACHETTE ET Cie

79, BOULEVARD SAINT-GERMAIN, 79

1877

ALFRED-CHARLES-ERNEST

FRANQUET

DE FRANQUEVILLE

PARIS. — TYPOGRAPHIE LAHURE
Rue de Fleurus, 9

M. DE FRANQUEVILLE

CONSEILLER D'ÉTAT
DIRECTEUR GÉNÉRAL DES PONTS ET CHAUSSÉES
ET DES CHEMINS DE FER

SA VIE
ET SES TRAVAUX

PAR

M. F. JACQMIN
Ingénieur en chef des Ponts et Chaussées
Directeur de la Compagnie des Chemins de fer de l'Est.

PARIS
LIBRAIRIE HACHETTE ET Cie
79, BOULEVARD SAINT-GERMAIN, 79

1877

M. DE FRANQUEVILLE

(1809-1876)

> Dans ma longue carrière, je n'ai pas trouvé d'homme plus droit, plus capable que M. de Franqueville. Il a été, selon moi, dans le demi-siècle auquel j'ai assisté, l'un des personnages qui ont rendu à la France les services les plus réels et les plus sérieux.
>
> (*Lettre de M. Thiers à M. Ch. de Franqueville.*)

« Quelqu'un d'entre vous écrira cette Vie, qui doit être montrée à tous, ses émules et ses disciples, comme un modèle et un exemple. » — M. Charles de Franqueville, fils de notre regretté directeur général, a bien voulu exprimer le désir que je répondisse à cet appel que M. le Ministre des travaux publics nous adressait à tous, le jour où, sur une tombe encore ouverte, il prononçait les paroles émues et sympathiques qui ont eu un si grand et si légitime retentissement.

Ingénieur des ponts et chaussées, directeur de l'une des six grandes compagnies de chemins de fer en France, j'ai connu M. de Franqueville pendant trente-trois ans. A plusieurs reprises et dans des circonstances difficiles, j'ai eu l'honneur de discuter avec lui de graves questions. Puissé-je m'acquitter avec succès d'une tâche dont je sens tout le poids !

Presque tout ce qui était à dire sur M. de Franqueville a été exprimé sur sa tombe par M. le Ministre des travaux publics, par les représentants les plus élevés du Conseil d'État, du Ministère, du Conseil général des ponts et chaussées ; tous ont rendu le plus sincère hommage à cet homme de bien, à ce grand administrateur, et il me sera bien difficile de parler après eux.

CHAPITRE PREMIER

ENFANCE ET JEUNESSE DE M. DE FRANQUEVILLE, SES TRAVAUX JUSQU'A SON ENTRÉE AU MINISTÈRE DES TRAVAUX PUBLICS.

(1809-1838)

Enfance de M. de Franqueville. — Alfred-Charles-Ernest Franquet de Franqueville naquit à Cherbourg le 9 mai 1809 ; il était le troisième fils d'Hippolyte-Joseph-Jean Franquet de Franqueville, commissaire principal de la marine. La carrière de ce dernier avait été traversée par de grands malheurs. Échappé, non sans peine, aux massacres de Saint-Domingue, il n'était rentré en France qu'après avoir été fait prisonnier de guerre par les Anglais. Successivement attaché aux ports de Toulon, de Dunkerque et de Cherbourg, signalé partout comme un fonctionnaire excellent, d'une intégrité hors ligne, il épousait en 1803, à Dunkerque, Mlle Adèle Mallès, fille d'un capitaine de vaisseau. Il jouissait à Cherbourg d'une considération universelle, et remplissait, dans ce grand port, les fonctions de préfet maritime lorsqu'il fut enlevé subitement à l'affection des siens, en 1812.

Veuve à vingt-sept ans, Mme de Franqueville restait dans une position affreuse : son mari ne lui laissait aucune fortune et elle avait quatre enfants, dont l'aîné âgé de six ans et le dernier d'un an à peine. Son père venait de mourir et la pension de Mme Mallès avait été liquidée à six cents francs ; enfin, son frère, le seul appui qui lui restât, disparaissait quelques mois après, au passage de la Bérésina. Grâce au concours d'amis dévoués, le chiffre réglementaire de la pension de Mme de Franqueville fut élevé de trois cents à neuf cents francs.

Dans les premiers mois de 1813, elle quitta le bel hôtel de la préfecture maritime de Cherbourg pour aller, avec sa mère et ses enfants, s'installer dans un bien modeste appartement à Paris. En prenant ce parti, la courageuse veuve estimait que, dans cette ville seulement, elle arriverait à donner à ses fils une instruction complète, et elle poursuivit ce but avec la plus ardente tendresse; elle retrouvait, d'ailleurs, à Paris des amis de sa famille, dont elle comptait réclamer et dont elle obtint l'appui moral, le seul qu'elle désirât.

Une pension de mille francs, accordée par le Roi, en 1815, vint diminuer la gêne du pauvre ménage, et deux bourses données, à deux années d'intervalle, permirent de placer les deux fils aînés au collége Louis-le-Grand. Restait le troisième, Ernest, le futur directeur général. L'anxiété de Mme de Franqueville était extrême à son sujet; elle ne savait comment faire pour assurer l'instruction d'un enfant qui montrait les plus heureuses dispositions; elle ne pouvait songer à demander une troisième bourse. Un triste événement rendit possible une solution : son fils aîné, Charles, fut enlevé par une cruelle maladie, et la bourse qu'il avait, au lycée, fut transférée au jeune Ernest.

M. de Franqueville n'a jamais oublié ces temps douloureux, et il ressentait une légitime fierté au souvenir des épreuves soutenues par les siens et par lui. *Pauper sum et in laboribus à juventute mea;* il a répété souvent ces paroles du Psalmiste à son fils, et celui-ci, en recueillant, pour ses enfants, les souvenirs destinés à faire vivre dans leur mémoire leur grand-père et leur arrière-grand-père, a choisi pour épigraphe ces mots qui résument des vies si honorables.

Collége Louis-le-Grand. — Ernest de Franqueville entrait au collége avec la ferme intention de se distinguer; il n'avait que sept ans, mais il savait que le seul moyen d'adoucir les chagrins de sa mère était de lui apporter des couronnes; pendant neuf années il lui en fournit une ample récolte. Ardent en toutes choses, le premier en classe et le premier au jeu, il n'y avait, disait-on, que les mathématiques auxquelles il ne *mordait* pas.

En rhétorique, il eut le prix d'honneur. Ses condisciples n'étaient pas cependant des rivaux à dédaigner. L'amiral Rigault de Genouilly, les généraux Soleille et Princeteau, le procureur général Petitjean, MM. Jules Lacroix, Amaury Duval, de Champagny, étaient les camarades du jeune de Franqueville, qui comptait parmi ses anciens Drouyn de Lhuys, Jules Janin, Cuvillier-Fleury.

Le baccalauréat ès lettres obtenu après la classe de philosophie, — Mme de Franqueville tenait fermement à la culture des lettres, — il s'agissait de savoir ce que l'on ferait du brillant lauréat. Deux amis de la famille décidèrent que l'on tenterait l'admission à l'École polytechnique. Ces amis étaient : le premier, un grand-oncle par alliance, l'illustre Beautemps-Beaupré, le fondateur du service hydrographique de la France ; le second, l'intrépide général Dubreton, un des plus vaillants chefs de l'armée française pendant la guerre d'Espagne. Ernest de Franqueville fut placé dans l'institution Mayer. Il y avait bien la question d'argent, toujours si difficile à résoudre ; mais l'oncle Beautemps-Beaupré put faire accepter son concours, et tout vint à souhait.

Au bout de moins d'un an de préparation, l'élève qui, au dire de ses premiers maîtres, n'avait pas de dispositions pour les mathématiques, entrait le second à l'École polytechnique. Le chef de la promotion de 1827 était M. Chaperon, qui devait, pendant quarante ans, prendre une part considérable à la construction du réseau des chemins de fer français.

École polytechnique. — Franqueville fut, à l'École, ce qu'il avait été à Louis-le-Grand, un travailleur infatigable, mais un travailleur aimable, de bonne humeur et n'ayant que des amis. Dans la précieuse collection des lettres qu'il a adressées à sa mère, collection conservée par celle-ci comme un de ses plus chers trésors, il existe des billets charmants, qui témoignent à la fois de la tendresse inquiète de la mère et du profond amour du fils. On était en 1828. Il y avait souvent des rassemblements dans les rues; Mme de Franqueville se troublait à la pensée de voir son fils traverser de semblables foules; elle le conjurait de suivre, pour rentrer à l'École, des rues bien tranquilles. Un dimanche au soir, le fils, aussitôt arrivé, s'empresse d'écrire à sa mère pour la rassurer; il a suivi ses conseils, lui dit-il avec beaucoup de gaieté ; il n'a rencontré sur sa route qu'une seule personne, le crieur public qui vendait la loi contre les attroupements; il l'a abordé pour lui acheter ce document, au risque de devenir ainsi lui-même un fauteur de rassemblements.

Nous ne suivrons pas notre jeune polytechnicien dans les deux années passées à l'École : à la sortie, il obtenait le premier rang. Sur les conseils des vieux amis de sa famille, il choisissait le service des ponts et chaussées, et, le 20 novembre 1829, il était nommé élève-ingénieur; il avait alors vingt ans et demi.

La feuille des états de services du jeune ingénieur, qui allait être très-rapidement remplie, recevait ainsi une première mention. Pour ne pas interrompre notre récit par des dates trop fréquentes, nous avons résumé, dans un seul tableau, les étapes parcourues par M. de Franqueville dans la hiérarchie des ponts et chaussées, dans l'administration des travaux publics, au Conseil d'État, enfin dans l'ordre de la Légion d'honneur. Ajoutons que toutes ces étapes ont été franchies sans que, chez aucun camarade, le moindre sentiment de jalousie se soit jamais manifesté.

École des ponts et chaussées. — Mais revenons à l'École des ponts et chaussées. L'instruction donnée dans cette grande École est divisée en deux parts : pendant l'hiver, des leçons, des concours et des examens ; pendant l'été, des missions sur de grands chantiers en France et même à l'étranger. Tout est disposé pour enlacer et retenir les jeunes ingénieurs dans les liens d'une camaraderie puissante que l'on a souvent critiquée, mais qui, depuis quatre-vingts ans, repose sur des bases inébranlables : le dévouement au pays, l'honneur et la probité.

Pendant l'hiver, les cours sont faits par des ingénieurs qui, quelquefois sans grande préoccupation de l'art de la parole et par le simple récit de leurs travaux et de leurs luttes, exercent une sérieuse influence sur leurs jeunes auditeurs. Pendant l'été, les ingénieurs accueillent leurs nouveaux camarades de la manière la plus cordiale et les initient à la pratique des grands chantiers et aux règles du service administratif.

La mission, heureux temps ! La jeunesse, plus d'examens ni de concours, pas encore de responsabilité et 142 fr. 50 c. à dépenser par mois. Pour Franqueville, pour beaucoup d'autres, hier et aujourd'hui, c'était et c'est presque la richesse.

Franqueville eut deux missions. La première en 1830, à Draguignan et à Toulon ; la seconde en 1831, à Saint-Lô et en Normandie. Les lettres nombreuses qu'il adressait à sa mère témoignent du bonheur qu'il rencontrait à chaque pas dans cette vie nouvelle ; il voyageait, il était accueilli comme un fils ou un frère par les ingénieurs ; mais cela ne l'empêchait pas de travailler comme il savait travailler.

Pendant sa mission à Toulon, Franqueville fit la connaissance d'un officier du génie un peu plus âgé que lui, pour lequel il eut toujours une vive affection : c'était le futur maréchal Niel. En attendant leurs hautes destinées, le jeune capitaine et l'élève-ingénieur passaient ensemble leurs soirées à jouer aux dominos.

Pendant toute sa vie, Franqueville a été un rigide observateur du devoir ; jamais il n'a transigé avec ce qu'il considérait comme la règle. Un bien petit incident, raconté par lui à sa mère, montre quels étaient, à ce sujet, ses scrupules et ceux de l'oncle Beautemps-Beaupré. Il était à Saint-Lô, en mission, sous les ordres de M. l'ingénieur en chef Dan de la Vauterie; survient son oncle qui désire l'emmener, le lendemain matin à trois heures, à Granville; mais l'ingénieur en chef était absent; impossible de partir sans autorisation. En vain l'ingénieur ordinaire, l'excellent M. Tostain, dit qu'il n'y a aucun empêchement, qu'il répond du consentement de son chef. Pas d'autorisation, pas de départ; l'oncle et le neveu se résignent. M. Tostain ne se tient pas pour battu. M. Dan devait rentrer à minuit; M. Tostain va l'attendre à cette heure si anormale à Saint-Lô et lui conte l'incident. Le brave ingénieur en chef court réveiller Franqueville pour lui dire de partir. Il y a bien peu de chose dans tout ceci; cependant cette fermeté dans le devoir du jeune Franqueville, cette cordialité de Tostain, cette bonté de l'ingénieur en chef, tout cela constitue une histoire bien simple, mais une histoire qui fait honneur à ceux qui en ont été les modestes héros.

Mission au conseil général des ponts et chaussées. — Après avoir terminé ses études à l'École des ponts et chaussées, Franqueville était attaché, pour un an, au secrétariat du Conseil général des ponts et chaussées, avec mission d'assister aux séances.

La *mission au conseil*, pour parler le langage de l'École, est un poste bien envié et bien enviable. Quelque brillante qu'ait été plus tard la carrière parcourue par les ingénieurs qui ont obtenu cette situation, tous reportent à cette heureuse année le point de départ de leurs succès. Pour un jeune homme ardent au travail, intelligent comme l'était Franqueville et en possession d'une éducation littéraire parfaite, complétée par l'éducation polytechnique qui donne la méthode, il était impossible de trouver une meilleure initiation à la vie pratique et administrative.

Les plus grandes affaires du pays, en fait de travaux publics, arrivent toutes au Conseil général des ponts et chaussées. Les influences locales, les bruits extérieurs s'arrêtent, en quelque sorte, à la porte du Conseil. Chaque affaire est examinée avec la plus complète indépendance par des hommes qui ont quelquefois cinquante années de services, mais qu'anime toujours la passion du bien public. Franqueville était digne d'écouter de tels hommes [1].

1. Le Conseil général des ponts et chaussées comptait parmi ses membres, en 1832, des hommes dont le pays honore la mémoire : Sganzin, Prony, Tarbé de Vauxclairs, Deschamps, Béri-

Le secrétaire du conseil, chef direct du jeune attaché, M. Legrand, qui sous une froideur apparente cachait un cœur excellent, conçut de Franqueville la plus haute opinion et, par une faveur exceptionnelle, le garda une seconde année à Paris.

Traduction du traité de N. Wood sur les chemins de fer. — Franqueville n'avait jamais assez d'ouvrage; pendant ses années d'école ou de séjour au Conseil général, il entreprit de traduire, en collaboration avec ses deux intimes amis, M. de Montricher et M. de Ruolz, un livre qui venait de paraître en Angleterre : *Traction on Railroads by N. Wood.*

Il est impossible de songer à écrire une biographie de M. de Franqueville, sans parler de MM. de Montricher et de Ruolz : le premier a attaché son nom à une œuvre impérissable, le canal de Marseille et le grand aqueduc de Roquefavour; le second, plus connu encore par ses travaux sur la dorure et l'argenture des métaux par les voies chimiques.

Les trois amis passaient presque toutes leurs soirées ensemble; on traduisait Nicolas Wood, on faisait de la musique ou des expériences de

gny, Cavenne, Lamandé, Lamblardie, Polonceau, de Villiers du Terrage.

chimie. Il existe une légende d'un diamant, d'un vrai diamant obtenu par la voie humide et trouvé par Montricher au fond d'un bocal oublié; mais on avait oublié en même temps ce que l'on avait mis dans ce bocal, et les trois amis s'épuisèrent en vains efforts pour reproduire la cristallisation du charbon.

Séjour à Soissons. — Il fallut enfin quitter Paris. Franqueville fut envoyé à Soissons le 17 mai 1834, et chargé du service ordinaire de l'arrondissement. C'était une tâche facile. Grâce à son aménité parfaite, le jeune ingénieur eut bientôt les meilleurs rapports avec toutes les autorités de la ville et des environs, et son service fut fait d'une manière digne d'éloges.

Pendant ce séjour à Soissons, Franqueville acheva seul la traduction du livre de Nicolas Wood[1] et fournit plusieurs articles à l'*Ency-*

1. L'ouvrage de Nich. Wood, le premier qui ait été publié sur les chemins de fer, est à peu près inconnu aujourd'hui; il ne mérite pas cet oubli. On ne saurait contester le bon sens et la perspicacité d'un homme qui écrivait, il y a près d'un demi-siècle, les lignes suivantes :

« Les chemins de fer réunissent toutes les qualités nécessaires soit pour le transport des marchandises lourdes ou légères, soit pour le transport des personnes, et par conséquent doivent se substituer aux autres voies de communication, partout où l'importance du mouvement commercial permettra d'engager les capitaux qu'exige leur établissement. »

On ne saurait mieux dire aujourd'hui; les chemins de fer con-

clopédie nouvelle, publiée sous les auspices de Pierre Leroux et de Jean Reynaud. Son travail sur les aérostats fut remarqué ; il se terminait par la conclusion suivante :

« Dans l'état actuel de la science, la création d'une navigation aérienne est subordonnée à la découverte d'un nouveau moteur beaucoup moins pesant que tous ceux qui sont connus aujourd'hui. Ce résultat paraît difficile à obtenir, mais il faut se garder de le considérer comme impossible. Combien les hommes n'ont-ils pas vu de prétendues impossibilités entrer dans le domaine de la réalité ! »

Écrites il y a quarante-sept ans, ces lignes sont encore absolument vraies.

M. Legrand n'oubliait pas son jeune collaborateur du Conseil ; il l'appela plusieurs fois à Paris et lui confia la rédaction d'exposés des motifs de lois à soumettre aux Chambres. On peut sourire à cette idée d'un ingénieur de vingt-huit ans, venant pour se distraire à Paris et trouvant de pareils travaux à préparer ; mais

stituent un instrument puissant, mais un instrument d'un grand prix ; il est imprudent de l'acquérir lorsque l'on n'a rien à lui donner à faire.

En faisant connaître cet ouvrage au public français, les jeunes traducteurs donnaient eux-mêmes une preuve de discernement ; ils appréciaient l'importance des chemins de fer, et leur travail mettait les ingénieurs français au courant des expériences nombreuses faites par les ingénieurs anglais.

on peut affirmer que la confiance manifestée par M. Legrand était vivement sentie par Franqueville, et que jamais documents administratifs n'ont été rédigés avec plus de verve et de talent.

Nomination au service ordinaire à Paris. — Deux décisions successives fixèrent la résidence de Franqueville à Paris : la première, du 31 juillet 1837, le chargeait de l'arrondissement nord-est de Seine-et-Oise; la seconde, du 17 mars 1838, lui confiait l'arrondissement est du département de la Seine.

Au moment où il quitta Soissons, le Conseil municipal de cette ville prit la délibération suivante :

« Le Conseil municipal de Soissons unit avec empressement sa voix à celle de la commission du budget, pour exprimer à M. l'Ingénieur des ponts et chaussées toute la reconnaissance des habitants; la Ville conservera de son administration un précieux souvenir. »

Nous n'avons trouvé aucun fait à signaler pendant l'année passée dans les deux services que nous venons de désigner; la correspondance de Franqueville avec sa mère va nous faire désormais défaut; mais on ne saurait douter que son service n'ait été irréprochable : il n'était pas homme à laisser une seule affaire en retard.

Entrée au ministère des travaux publics. — M. Legrand cherchait évidemment l'occasion d'appeler auprès de lui un ingénieur dont il appréciait la haute capacité ; un arrêté ministériel du 23 octobre 1838 nomma Franqueville chef de la section de la navigation et des ports.

Mariage de M. de Franqueville.—Presque au même moment, un grand événement se produisit dans sa vie. M. de Franqueville se mariait ; il épousait, le 15 décembre 1838, à l'église Notre-Dame de Versailles, Mlle Cécile Belle de Caux. Madame de Franqueville apportait à son mari une grande aisance ; c'était pour ce dernier presque un souci ; il lui faudrait, disait-il, redoubler d'efforts et de travail pour se montrer digne de la fortune. Une seule chose lui plaisait dans la richesse, il pourrait être, en cas de besoin, le Beautemps-Beaupré de ses neveux.

Une personne, à ce moment, recevait à bon droit les félicitations de tous les siens : c'était Mme de Franqueville mère. La tâche si lourde qu'elle avait entreprise vingt-six ans auparavant était accomplie ; elle avait perdu un de ses enfants, mais les trois autres étaient arrivés à des situations qu'elle n'eût pas osé rêver. Sa fille avait épousé un brillant officier, le fils du lieutenant général baron Dubreton ; son fils

Amédée, marié à Mlle Ternaux, suivait, dans les consulats, une carrière honorable; enfin, son fils Ernest avait, dans les ponts et chaussées, un nom déjà connu. De grands chagrins devaient frapper encore cette mère de famille si respectable; mais elle avait suivi l'exemple de la Femme forte de l'Évangile, et elle recevait, en ce monde, une première récompense.

CHAPITRE DEUXIEME

MINISTÈRE DES TRAVAUX PUBLICS. — SECTION DE LA NAVIGATION. — DIRECTION DES PONTS ET CHAUSSÉES.

(1838-1855)

Organisation du service sous l'administration de M. Legrand. — M. Legrand, directeur général des ponts et chaussées et des mines, avait réparti le travail entre six sections :

Le secrétariat général et le personnel,

Le matériel des ponts et chaussées,

Les chemins de fer et la police du roulage,

La navigation,

Les mines,

La comptabilité générale.

En 1838, les quatre premières sections étaient confiées à des ingénieurs : MM. Robin, Noël, de Boureuille et Schwilgué; les deux autres collaborateurs de M. Legrand étaient MM. de Cheppe et Gautier-Dagoty.

Section de la navigation. — M. de Franqueville était nommé en remplacement de M. Schwilgué, avec le titre de chef de section qui fut changé, trois ans plus tard, en celui de chef de division. Le service de la navigation comprenait :

Le desséchement des marais,
Les ports maritimes de commerce,
Les phares et fanaux,
Les digues et travaux à la mer,
Les travaux des dunes,
Les canaux d'irrigation,
Les chambres syndicales,
Les fleuves et rivières,
Les canaux de navigation.

Ce service embrassait la France entière, et il y avait de quoi satisfaire l'activité d'esprit la plus ardente.

Dans les premières années de son séjour au ministère, il est difficile de dire quelle a été la tâche spéciale accomplie par M. de Franqueville. Il était le collaborateur assidu de M. Legrand, et il a pris, à tous les travaux exécutés dans cette période relativement tranquille de notre histoire, de 1838 à 1847, une part d'autant plus grande qu'à cette époque M. Legrand préparait avec M. de Boureuille les premières grandes lois relatives aux chemins de fer.

En 1839, parut la *Statistique des ports de commerce de la France*. C'était une œuvre considérable, donnant l'inventaire des ouvrages existant dans nos ports, leur importance commerciale et l'indication des travaux proposés par les ingénieurs, travaux dont les devis s'élevaient à 140 millions de francs.

Les lois promulguées de 1839 à 1846 ouvrirent aux travaux publics des crédits d'environ 100 millions, à l'aide desquels de nombreuses constructions furent entreprises dans tous nos ports, notamment à Calais, à Dieppe, au Havre, à Redon, à Saint-Nazaire, à Bordeaux, à Cette et à Marseille; la création du bassin de l'Eure, au Havre, et du port de la Joliette, à Marseille, remonte à cette époque.

Rachat des canaux. — L'administration commençait, à ce moment, le rachat des canaux concédés. Il y a lieu de donner quelques détails sur cette grande opération, entreprise par M. Legrand, poursuivie par M. de Franqueville, et qui, sans la guerre de 1870, serait aujourd'hui terminée. Nous avons retrouvé une note écrite par M. de Franqueville, le 18 février 1873, sur cette importante affaire. Les renseignements qui suivent en sont presque textuellement extraits.

L'ensemble des canaux ouverts ou en construction s'élevait, avant la guerre, à 5.205 kilomètres, sur lesquels 4.200 étaient terminés. Ces voies navigables se répartissaient de la manière suivante :

Concédées à perpétuité. . . .	713 kilom.
Concédées temporairement. .	652 —
Exécutées par l'État	3.840 —
Total égal. . . .	5.205 kilom.

La perte de l'Alsace-Lorraine a modifié ces chiffres. En tenant compte des lignes récemment achevées, la longueur au 31 juillet 1876 est de 4.702 kilomètres.

La plupart des concessions perpétuelles datent du milieu et de la fin du XVIIe siècle ; la dernière, applicable au canal de Roanne à Digoin, est du 11 octobre 1830.

Parmi les canaux exécutés par l'État et non concédés, 2.250 kilomètres sont désignés sous le nom de *canaux de* 1821 *et* 1822, parce que leur achèvement a été réalisé au moyen d'emprunts spéciaux contractés en vertu des lois des

5 août 1821 et 14 août 1822. Les traités passés avec les compagnies qui souscrivaient ces emprunts stipulaient en leur faveur le droit de partage des bénéfices de l'exploitation des canaux et, par suite, leur droit d'intervention dans la fixation des tarifs.

Les inconvénients de cette clause se firent vivement sentir dès que les voies navigables purent être livrées à l'exploitation, et le pays fit entendre à ce sujet de nombreuses réclamations. La question était fort délicate à résoudre, et les exposés des motifs des lois soumises aux Chambres signalent les difficultés juridiques qui se présentaient.

Après de longues discussions, les dispositions suivantes furent adoptées :

Le rachat ne peut s'opérer pour chaque compagnie qu'en vertu d'une loi spéciale.

Le prix du rachat doit être fixé par une commission spéciale instituée, pour chaque compagnie, par ordonnance royale, et composée de neuf membres, savoir : trois nommés par le Ministre des finances, trois par la compagnie, les trois autres par le premier président et les présidents réunis de la Cour royale de Paris.

Lorsque la commission aura prononcé, le rachat ne deviendra définitif qu'en vertu d'une loi spéciale qui ouvrira, s'il y a lieu, les crédits nécessaires, et qui devra être proposée dans l'année qui suivra la décision.

Ces sages dispositions furent largement appliquées, et l'on racheta successivement les actions de jouissance des canaux de 1821 et 1822, ainsi que la presque totalité des actions des canaux concédés. Un projet de loi préparé en 1870 allait assurer la fin de cette opération, mais la guerre ne permit pas d'y donner suite.

Propositions relatives à l'affermage des canaux. — Dans le cours des négociations relatives au rachat des canaux, le Gouvernement reçut plusieurs propositions pour l'affermage de ces voies de communication. M. de Franqueville fut toujours opposé à cette mesure : pour lui, les canaux doivent, autant que possible, être assimilés à une route, et tout propriétaire de bateau doit pouvoir circuler comme circule le propriétaire d'une voiture, sans avoir autre chose à faire qu'à se conformer aux lois. Les plus graves motifs d'ordre et de sécurité ne permettent pas d'étendre cette analogie aux chemins de fer, bien que l'on en ait eu la pensée à l'origine; mais, pour les voies navigables, l'assimilation aux routes de terre était logique.

Les sociétés qui demandaient l'affermage réclamaient une garantie d'intérêt qui engageait l'État d'une manière absolue et qui portait sur la totalité des capitaux émis. Nous verrons M. de Franqueville admettre, pour les chemins de fer, le principe de la garantie d'intérêt, mais seulement pour une fraction du capital total engagé et avec d'importantes restrictions en faveur de l'État.

Exécution du canal latéral à la Garonne et du canal de la Marne au Rhin. — Nous ne devons point passer sous silence la construction, entreprise à cette époque, de deux voies navigables de premier ordre : le canal latéral à la Garonne et le canal de la Marne au Rhin. Le premier fut bien près d'être sacrifié : nous raconterons plus loin ce curieux incident.

Départ de M. Legrand. — Nommé, depuis plusieurs années, sous-secrétaire d'État, M. Legrand crut devoir, en 1847, quitter le ministère des travaux publics et prendre au Conseil d'État le poste de président du comité des travaux publics. Son départ fut, pour ses collaborateurs, un véritable déchirement. M. de Franqueville en ressentit personnellement la plus vive douleur; ses lettres racontent les préoccupations de M. Legrand, sa résolution et l'isolement dans lequel il laisse ses collaborateurs. M. de Franqueville se réfugia dans le travail, — c'était toujours sa grande ressource. — A la vérité, nous ne savons pas trop ce qu'il pouvait ajouter à sa tâche quotidienne. Le matin, au ministère, il ne quittait son cabinet que pour aller déjeuner; il partait à six heures du soir, et, après son dîner, se remettait presque tous les jours à son bureau, de huit heures jusqu'à minuit. Mme de Franqueville lisait à côté de son mari, ou s'occupait de travaux d'aiguille ou de tapisserie; c'était, il faut le reconnaître, un intérieur austère et que ne prévoient pas toujours les jeunes femmes qui veulent bien épouser ces travailleurs infatigables.

Révolution de 1848. Ateliers nationaux. — Les événements de 1848 troublèrent profondément M. de Franqueville. On parlait beaucoup du travail, du droit au travail, mais on ne travaillait guère. Des ateliers nationaux durent être organisés à Paris et sur plusieurs points du territoire. Une note laissée par M. de Franqueville donne, sur ceux de Paris, des renseignements qu'il nous a paru utile de rappeler, au moins sommairement.

Le nombre des hommes enrôlés à Paris, dans les ateliers nationaux, s'est élevé à 115.000.

70.000 environ appartenaient aux industries du bâtiment;

30.000 se rattachaient aux industries de luxe et à l'article de Paris;

15.000 étaient sans profession avouée.

Plus de 30.000 n'avaient pas de domicile inscrit à Paris : ils venaient des départements voisins; quelques départements éloignés, notamment les Bouches-du-Rhône, avaient fourni un contingent notable.

L'insuccès des ateliers nationaux est dû principalement aux causes suivantes :

1° Absence de discipline;

2° Manque d'émulation;

3° Démoralisation produite par le sentiment de l'inutilité des travaux;

4° Chômages fréquents.

Nous estimons que les mêmes causes d'insuccès frapperont toutes les tentatives de ce genre qui pourraient être faites à nouveau. On retrouvera toujours l'absence de discipline chez beaucoup, le sentiment de l'inutilité du travail offert ou produit chez un grand nombre. Un ouvrier bijoutier se sentira toujours un mauvais terrassier.

M. de Franqueville examine quelles seraient les mesures à prendre pour améliorer une situation si difficile. Les unes se rapportent à des questions d'ordre et de police; les autres, plus importantes, prévoient l'exécution de grands travaux publics : il propose notamment le percement de la rue de Rivoli et la construction des Halles centrales.

Nous ne croyons pas, pour notre part, à la solution directe du problème des ateliers nationaux. Que le travail véritable s'offre sur divers points du territoire, les bons ouvriers sauront le découvrir sans réglementation et sans pénalités.

Cours professé au Collége de France. — Le Ministre de l'instruction publique eut la pensée de créer, au Collége de France, un cours d'économie générale et de statistique des travaux publics, et de le confier à M. de Franqueville. Celui-ci n'avait jamais professé, et, selon toute apparence, il n'avait jamais songé à cette fonction si honorable; néanmoins, nommé le 8 avril 1848, il abordait sa chaire dans les premiers jours du mois de mai. Il n'avait pas eu besoin d'une longue préparation, car il appartenait à cette catégorie d'hommes qui joignent à une instruction profonde l'habitude de l'ordre et de la méthode, qui savent discipliner leurs propres idées et obtiennent, en quelques semaines, sans efforts apparents, ce que des esprits plus brillants, supérieurs à beaucoup d'égards peut-être, mais moins bien armés contre eux-mêmes, ne produisent pas en plusieurs mois.

Les leçons de M. de Franqueville n'ont pas été conservées; nous n'en connaissons même pas le nombre; ce que nous savons seulement, c'est que la seconde fut interrompue, le 15 mai, par le bruit du rappel, et qu'il quitta le Collége de France pour aller revêtir son habit de garde national et se joindre aux hommes courageux qui délivraient l'Assemblée nationale.

M. Charles de Franqueville a récemment découvert, dans les papiers de son père, quelques feuilles jaunies par le temps, qui contiennent l'énoncé sommaire d'un certain nombre de questions destinées sans doute à être développées devant un auditoire. On n'y trouve, le plus souvent, qu'un mot indiquant l'ordre dans lequel les idées devaient être présentées. Mais ce qui véritablement éclate à la lecture de ces notes éparses, c'est la hauteur de vues avec laquelle le professeur avait conçu son cours.

Nous essayerons de donner un aperçu rapide du programme auquel il semble qu'il s'était arrêté :

La destinée de l'homme est de conquérir la terre, et l'exécution des travaux publics est une des manifestations les plus éclatantes de l'activité humaine.

Les nations anciennes n'ont pas connu ce que, dans les temps plus modernes, on a désigné sous le nom de travaux publics. Combattant incessamment contre la nature, l'homme eut pour première tâche de se construire un abri, un toit : c'est l'origine de l'architecture. Puis sont arrivées les difficultés de se procurer les choses nécessaires à la vie de familles nombreuses, et il a fallu songer aux moyens de communiquer les uns avec les autres; un premier sentier a été tracé, on l'a élargi pour le passage des bêtes de somme; après l'avoir aplani pour les chars, il a fallu triompher des obstacles que présentaient encore les ruisseaux, les rivières, les fleuves, la grande mer. Aujourd'hui rien n'arrête l'homme : les vallées sont comblées et les montagnes abaissées; des machines l'emportent, pendant de longues heures, avec des vitesses que les animaux les mieux doués ne supportent que pendant quelques instants d'une crise suprême.

L'homme a su trouver, dans la nature, des forces puissantes qu'il a disciplinées et mises à son service : l'eau, la vapeur.

Comment exécuter les grands travaux que l'homme désire? Seul, il est impuissant; les efforts de la famille, de quelques amis, ne suffisent pas, il faut le concours de tous; la nation entière se met à l'œuvre et réalise les travaux publics.

Ce n'est pas tout encore. Il faut l'aide du capital, c'est-à-dire de l'épargne de la société, du travail accumulé par les générations qui nous ont précédés. C'est avec ce capital que l'on creusera des mines, que l'on percera des souterrains, que l'on fera de grands navires. C'est parce qu'il existe des ressources autres que celles qui sont produites par le travail journalier, que l'on peut exécuter des travaux; si, pour vivre, tous devaient travailler à la terre, il n'y aurait ni mineurs, ni maçons, ni charpentiers.

M. de Franqueville envisage ensuite d'autres questions de la plus haute importance.

Quels sont le caractère et la mesure de l'utilité publique? L'utilité publique ne peut se mesurer uniquement par la rémunération directe du capital employé. Cette mesure est insuffisante. La route sur laquelle on a aboli les péages rend plus de services que lorsqu'elle avait des barrières. L'État doit donc intervenir au nom de tous, au nom des pauvres surtout; mais là encore il faut savoir comment agir. Appauvrir les riches pour enrichir les pauvres serait une déplorable faute; on accroîtrait seulement le nombre de ces derniers. Il faut augmenter le bien-être des classes les moins heureuses, mais non diminuer celui des classes qui possèdent déjà quelque chose.

Il faut enfin réagir contre les idées qui conduisent les foules dans les villes. Il y a, dans notre pays, d'immenses travaux agricoles à organiser, il y a des milliers d'hectares de dunes, de marécages, d'étangs; il faut rendre à la culture ces grandes surfaces. Des contrées peuvent produire beaucoup, mais elles n'ont pas de chemins pour écouler leurs récoltes, il faut leur en donner. La dépense à faire est bien inférieure au résultat obtenu.

Voilà quelles étaient, il y a trente ans, les idées de l'homme qui devait être placé à la tête d'un des grands services de notre pays; on ne saurait concevoir des pensées plus justes et plus généreuses.

La chaire des travaux publics au Collége de France fut supprimée, nous ne savons pour quel motif, et les études auxquelles M. de Franqueville s'était livré furent inutiles, non pas pour lui, qui y avait trouvé une occasion de se recueillir et de se fortifier encore par la nécessité de résumer ses connaissances et son expérience, mais pour le public. M. de Franqueville reprit, au ministère, son travail ordinaire.

En 1849, le choléra fit à Paris de grands ravages, et un certain nombre de personnes quittèrent la ville; on le pressa d'en faire autant. Il répond à ses amis de Bourgogne *qu'on s'occupait bien peu du choléra à Paris*, puis il parle récolte, élections, sans plus dire un mot des sollicitations auxquelles il avait à répondre. Faire son devoir et le faire sans bruit était sa règle de conduite invariable. « Le bien ne fait jamais de bruit », a dit la Bruyère.

Années 1850-1851-1852. Chagrins de famille. — Les deux années qui s'écoulèrent, de 1850 à 1852, sont, dans la vie de M. de Franqueville, extraordinairement tristes. A la fin de 1850, il eut le malheur de perdre sa femme, qui fut enlevée à la suite d'une longue et douloureuse maladie ; quelques mois après, son frère Amédée succombait après de vives souffrances. Les lettres adressées à M. de Montricher témoignent du chagrin profond, du véritable découragement que M. de Franqueville ressentait en ce moment. Les inventaires, les règlements d'affaires que la minorité de son fils, son unique enfant, rend indispensables, lui causent les plus pénibles impressions ; tout lui est à charge, et le travail lui-même est impuissant à le détourner de ses tristes pensées.

La situation politique générale du pays était fort pénible ; les ministres se succédaient, aux Travaux publics, avec une rapidité désespérante ; en moins de quatre ans, M. de Franqueville avait vu douze ministres. Il regardait comme impossible de mener à bien les affaires qui, comme celles des travaux publics, exigent toujours une longue suite dans les idées et dans les actes ; il songea à quitter l'administration des travaux publics et à demander la place d'ingénieur en chef du département de la Seine.

Le respectable M. Boulage, alors secrétaire général, le conjura d'abandonner ce dessein ; il lui représenta combien ses fonctions lui convenaient, et combien plus encore il convenait à l'administration ; il lui parla des services qu'il rendrait à son pays en restant à son poste. Le retour de M. Magne (21 juillet 1852), d'un ministre qui avait été, à deux reprises déjà, aux travaux publics, et dont on avait pu apprécier la haute valeur, permettait d'espérer un peu de stabilité. M. de Franqueville se rendit aux raisons qu'inspiraient à M. Boulage la cordialité d'abord, et ensuite un véritable souci du bien du pays, et il ne fut plus question du service du département de la Seine.

Un voyage à Marseille, quelques jours passés auprès de son ami Montricher, achevèrent de remettre M. de Franqueville, et, à la fin de 1852, il reprit son travail avec ardeur.

En parcourant la nombreuse correspondance échangée à cette époque entre M. de Franqueville et ses amis, on est frappé des difficultés de toute sorte que le défaut de moyens de communications rapides apportait dans les événements ordinaires de la vie. On s'est si vite habitué aux chemins de fer et au télégraphe, que l'on oublie ce qui se passait lorsque l'on était privé de ces deux puissants serviteurs de l'homme. Le frère aîné de M. de Franqueville était tombé si gravement malade à Venise, que Mme de Franqueville mère dut se rendre dans cette ville et y appeler son second fils, pour effectuer le transport du malade à Paris. Les lettres succédèrent aux lettres ; il fallait attendre quinze jours pour avoir une première réponse. Que s'est-il passé pendant ces quinze jours ? Comment sa mère a-t-elle fait seule son voyage de Marseille à Gênes ? M. de Franqueville pose avec anxiété ces questions dans sa correspondance ; puis l'indispensable nécessité du retour apparaît ; il faut ramener en voiture, de Venise à Paris, un frère gravement malade. A lire ces lettres, on sent combien M. de Franqueville souffrait de cette incertitude et de ces obstacles créés par la distance et le temps.

Au commencement de l'année 1853, la famille de M. de Franqueville reçut un honneur auquel elle fut extrêmement sensible. Le buste de Beautemps-Beaupré fut placé, avec une grande solennité, dans la galerie principale du dépôt de la Marine. Le Ministre de la marine et les principaux fonctionnaires du département assistèrent à cette cérémonie. On rappela les immenses et consciencieux travaux de Beautemps-Beaupré, les conseils qu'il avait donnés à plusieurs générations d'ingénieurs, son dévouement au devoir, sa rigide probité. En entendant ces hommages si justement rendus à l'homme qui avait soutenu sa jeunesse, M. de Franqueville fut profondément ému; il ignorait qu'il mériterait un jour lui-même les honneurs rendus à son grand-oncle.

Direction des Ponts et chaussées. — Le ministère des travaux publics reçut enfin une organisation plus en rapport avec l'importance qu'il prenait chaque jour. Le 15 novembre 1853, M. le comte Dubois était nommé directeur général des chemins de fer, M. de Boureuille directeur des mines, et M. de Franqueville directeur des ponts et chaussées.

Ce dernier service comprenait :

Les routes et les ponts,

La navigation et les ports,

Le service hydraulique.

Il donnait en outre au directeur le droit de siéger au Conseil général des ponts et chaussées.

M. de Franqueville attachait un très-haut prix à cette distinction. Quelques amis regrettaient qu'une direction générale eût été créée pour une autre personne; il répondit que l'honneur de siéger dans le Grand Conseil de son corps était une récompense suffisante de ses services.

Années 1853-1855. — Nous n'avons, pour ces deux années, trouvé rien de saillant, en dehors de ce qui se rattache à la campagne que le nouveau directeur des ponts et chaussées engagea, dès le premier jour, contre les ponts suspendus, ainsi qu'au canal latéral à la Garonne.

M. de Franqueville estimait que les ponts suspendus, au moins dans les conditions où ils ont été trop souvent établis, ne présentaient pas, au bout d'un petit nombre d'années, des garanties suffisantes pour la sécurité de la circulation, et il poursuivit très-vivement leur remplacement par des ouvrages en pierre ou en métal.

Nous parlerons plus loin du canal latéral à la Garonne. A ce moment, l'opinion publique ne prenait pas grand intérêt aux voies navigables; on se passionnait pour les chemins de fer, sauf à déclarer, quelques années après, que le perfectionnement de la navigation était le premier intérêt du pays. La correspondance de M. de Franqueville le montre suivant au ministère son travail ordinaire sans grands incidents, lorsque le 12 juillet 1855 l'administration des travaux publics fut réorganisée sur des bases nouvelles. M. de Boureuille reçut, avec le titre de secrétaire général, la direction des mines, de la comptabilité et du personnel de l'agriculture, du commerce et des travaux publics; M. de Franqueville était nommé directeur général des ponts et chaussées et des chemins de fer. Cette organisation a duré vingt et un ans; elle n'était pas parfaite; ce n'est pas le sort des affaires de ce monde, mais de grandes choses ont été accomplies. Nous allons dire la part qui en revient à M. de Franqueville, en donnant cependant auparavant les noms de ceux qui furent ses collaborateurs dévoués de chaque jour.

La direction générale comprenait six services :

La division des routes et ponts, dirigée par M. Challot, avait, dans ses attributions, les routes nationales et départementales, les ponts, la police du roulage et les tramways.

La division de la navigation et des ports, confiée à M. Dumoustier de Frédilly, et plus tard à M. Caulet de Longchamps, était constituée comme en 1838, à l'époque où M. de Franqueville en était devenu titulaire.

La division du service hydraulique avait pour

chef M. de Pistoye : elle embrassait les questions relatives aux irrigations, desséchements, usines, cours d'eau non navigables, à la pêche, au drainage et aux améliorations agricoles.

La division des études et travaux de chemins de fer, successivement dirigée par MM. Delorme et Langlois de Neuville, avait à s'occuper des études et concessions, de la surveillance des travaux des lignes concédées et de l'exécution des lignes construites par l'État.

La division de l'exploitation des chemins de fer, dont le titulaire était M. Tourneux, remplacé ensuite par M. Gilly, comprenait les bureaux de l'exploitation commerciale et de l'exploitation technique.

Enfin, le service de la statistique générale, d'abord réuni dans les mains de M. de Chasseloup-Lamotte, avait été divisé ensuite entre MM. Lucas et Systermans.

CHAPITRE TROISIÈME

DIRECTION GÉNÉRALE DES PONTS ET CHAUSSÉES ET DES CHEMINS DE FER.

(1855-1876)

PREMIÈRE PARTIE : 1855-1870

La situation faite à M. de Franqueville était considérable ; mais aussi jamais ingénieur n'avait réuni des qualités plus brillantes et plus solides. Attaché depuis 1838 au ministère des travaux publics, Franqueville s'était rompu aux affaires administratives ; directeur des routes et des ponts, des voies navigables et des ports, il connaissait admirablement notre pays, nos ressources et nos besoins ; enfin sa merveilleuse aptitude au travail lui permettait de s'assimiler promptement des questions dont il n'avait pas encore fait une étude spéciale, les questions relatives aux chemins de fer.

Situation de l'industrie des chemins de fer.— L'industrie des chemins de fer, il faut le reconnaître, n'était pas encore assise sur des bases bien assurées.

Au 31 décembre 1855, la situation était la suivante :

Longueur des lignes concédées..	11.633 kil.
Longueur des lignes exploitées..	5.533 —

Ces chiffres résument l'œuvre administrative des prédécesseurs de M. de Franqueville; nous verrons plus loin ce qu'elle est devenue entre ses mains.

Cette grande industrie n'avait pas progressé d'une manière continue et régulière; il y avait eu des périodes d'engouement excessif suivies de périodes de profond découragement. Avant de présenter le récit des travaux de M. de Franqueville, il importe de jeter un coup d'œil en arrière et de rappeler les crises qui, une première fois en 1840, une seconde fois de 1847 à 1851, ont arrêté le développement de nos voies ferrées.

Crise de 1840. — Les premières hésitations qui s'étaient manifestées dans notre pays, au sujet des chemins de fer, paraissaient dissipées en 1838, et, à la fin de l'exercice, l'ensemble des concessions accordées s'élevait au chiffre, considérable à cette époque, de 1.028 kilomètres. Malheureusement, la confiance ne fut pas de longue durée, et, dès 1839, il fallut prononcer la résiliation des concessions de Lille à Dunkerque, de Paris au Havre, de Juvisy à Orléans, et la longueur du réseau se trouvait réduite à 574 kilomètres.

Le Gouvernement n'hésita pas à proposer aux Chambres de venir au secours d'entreprises si utiles au pays : une somme de 26 millions était prêtée aux compagnies de Strasbourg à Bâle et de Paris à Rouen, et une garantie d'intérêt accordée à la compagnie de Paris à Orléans.

La première crise fut ainsi conjurée, et l'on put, pour la première fois, entreprendre une œuvre d'ensemble dont la réalisation reposait sur le concours de l'État et de l'industrie privée. La loi du 11 juin 1842 déclarait d'utilité publique six lignes qui font aujourd'hui partie des principales artères du réseau français; l'État était autorisé à commencer les travaux, au moins pour l'infra-structure, et à donner à bail l'exploitation des lignes à des sociétés qui poseraient la voie et ses dépendances et fourniraient le matériel roulant.

Les années 1843, 1844, 1845 et 1846 furent consacrées à la réalisation de ce programme; plusieurs grandes compagnies se constituèrent, et, au 31 décembre 1846, la longueur totale des lignes concédées s'élevait à 4.952 kilomètres.

Crise de 1847 à 1852. — Sur plusieurs points du territoire, l'industrie avait trop présumé de ses forces et, dès 1847, il fallait résilier les concessions de Fampoux à Hazebrouck, de Bordeaux à Cette et de Lyon à Avignon.

La révolution de 1848 rendit la situation plus difficile encore, et la compagnie du chemin de fer de Paris à Lyon dut, à son tour, solliciter la résiliation de son contrat. Les actionnaires, en libérant leurs titres, fournirent à l'État les fonds nécessaires à la continuation des travaux, et, en 1851, la ligne de Paris à Châlon-sur-Saône put être livrée à l'exploitation; mais aucune concession ne fut accordée, et, pendant trois ans, la longueur du réseau concédé fut réduite à 3.539 kilomètres.

Concessions de 1852 à 1855. — A partir de 1852, les choses changent complétement : de 1852 à 1855, les compagnies se forment de tous côtés et acceptent *avec enthousiasme* — on l'a dit il y a peu de temps à la tribune — la concession de près de 8.000 kilomètres; au 31 décembre 1855, la longueur des lignes concédées s'élevait, nous l'avons dit, à 11.633 kilomètres.

Premières fusions des compagnies entre elles. — Le réseau concédé en 1851 n'avait pas encore 4.000 kilomètres et il était réparti entre 70 compagnies[1]. On ne tarda pas à reconnaître qu'un pareil morcellement était un sérieux obstacle au développement de l'industrie des chemins de fer, et il se fit, dans toute la France, un travail de fusion des compagnies entre elles, travail qui a été le point de départ de la constitution de quatre des six grandes compagnies actuelles.

1. Au point de vue du nombre, la situation, au 31 décembre 1875, des compagnies françaises était la suivante :

Les 6 grandes compagnies ayant ensemble..	23.087 kilom.
8 compagnies : Charentes, Vendée, Orléans-Châlons, Clermont-Tulle, Lille-Valenciennes, Sedan-Lérouville, Marmande-Angoulême, Bourges-Gien, Dombes, ayant de 101 à 300 kilomètres, ensemble..........................	2.380 —
20 compagnies ayant 100 kilomètres et au-dessous, ensemble..................	872 —
34 compagnies pour un réseau de........	26.339 kilom.

Ces chiffres ne comprennent pas les lignes d'intérêt local.

Le 19 février 1852, la compagnie du Nord absorbait la ligne d'Amiens à Boulogne.

Le 27 mars de la même année, la compagnie d'Orléans se fusionnait avec les compagnies du Centre, d'Orléans à Bordeaux et de Tours à Nantes.

En 1853 et 1854, la compagnie de Paris à Strasbourg achetait Montereau à Troyes, Strasbourg à Bâle, Blesme à Gray, et devenait la compagnie de l'Est.

En 1855, la compagnie de l'Ouest était formée par la réunion de six compagnies qui existaient depuis Paris jusqu'aux ports de la Manche.

L'administration approuvait ces fusions, mais en imposant aux compagnies la construction d'un nombre considérable de lignes pour lesquelles elle n'eût jamais trouvé de concessionnaires.

Année 1856. — L'année 1856 fut tout à fait insignifiante au point de vue de l'accroissement du réseau :

En 1855, on avait concédé . . . . 2.483 kil.
En 1856, les concessions n'ont été que de. . . . . 16 —

Le même fait s'est plusieurs fois présenté ; le

calme succède à l'effort. Ainsi l'année 1876, comparée à l'année 1875, aura été absolument stérile, tandis que, selon toute apparence, le réseau recevra, en 1877, un nouveau développement.

Année 1857. — Les choses changèrent en 1857. Complétement en possession de son service, M. de Franqueville entamait, avec toutes les compagnies, des négociations qui aboutissaient à la concession d'un certain nombre de lignes ayant une longueur, ensemble, de 2.621 kilomètres.

Lutte entre les chemins de fer et les voies navigables. Canal et chemin de fer du Midi. — Le directeur général eut à s'occuper, en 1857, d'une question très-importante. Après une lutte qui épuisait les deux parties, les sociétés concessionnaires des chemins de fer du Midi et du canal du Midi avaient conclu un traité de pacification. Soumis à l'approbation du Conseil d'État, ce traité fut rejeté. Cet épisode de la lutte entre les chemins de fer et les voies navigables mérite d'être rappelé : il montre, d'une part, les variations considérables de l'opinion publique dans ces questions, et, d'autre part, l'impartialité du directeur général des ponts et chaussées et des chemins de fer. Sans M. de Franqueville, accusé de partialité en faveur des chemins de fer, le canal latéral à la Garonne eût été comblé.

Nous avons dit plus haut que la concession du chemin de fer de Bordeaux à Cette fut abandonnée en 1846. Le motif de cette résolution si grave était la crainte de la concurrence du canal latéral à la Garonne, alors en construction, et du canal du Midi, en possession depuis longtemps du trafic, dans ces riches contrées.

La compagnie perdit d'abord son cautionnement, dont la moitié seulement lui fut restituée en 1853.

Les populations étaient fort émues du retard que subissait l'exécution du chemin de fer, et, le 5 juillet 1851, cinquante-trois députés du Midi demandèrent que le canal, ses terrains acquis, ses terrassements exécutés, ses matériaux en approvisionnement fussent livrés à une compagnie qui établirait un chemin de fer dans le fond du canal ou sur ses bords. Quatre cents délibérations des Conseils municipaux et des Chambres de commerce appuyèrent cette proposition.

Le rapport fait à l'Assemblée législative, après avoir constaté que le Ministre des travaux publics s'était opposé de la manière la plus formelle à l'adoption de la mesure réclamée, n'en proposait pas moins la prise en considération.

Ainsi, pour avoir un chemin de fer, on sollicitait la destruction du canal. Plus prévoyante, l'administration supérieure sut trouver un moyen terme : elle donna à une même compagnie la concession du chemin de fer et de la voie navigable, en stipulant, pour cette dernière, l'application d'un tarif maximum. Le rapport présenté au Corps législatif constatait que la réunion des voies de fer et d'eau avait seule rendu possible la construction du chemin de fer, et il concluait à l'adoption de cette combinaison empruntée à l'Angleterre.

Restait le canal du Midi. La compagnie de ce canal, pour se préparer à la lutte, avait fait un emprunt de 2.400.000 francs, et lorsque le chemin de fer, partant de Bordeaux, atteignit Toulouse en 1856, et Cette l'année suivante, les tarifs qui, depuis l'ouverture du canal latéral et jusqu'en 1855, étaient de 5 centimes et de $4^{c},2$, furent abaissés à $2^{c},8$ à partir de 1857. Malgré ces réductions énormes, la marchandise abandonnait la voie navigable, et, le 24 juin 1857, la compagnie du canal du Midi passait, avec la compagnie du chemin de fer, un traité d'affermage pour quatre-vingt-dix-neuf ans.

L'administration supérieure repoussa ce traité,

parce qu'il ne contenait aucune stipulation au point de vue des tarifs, et que sa durée était trop longue. La lutte recommença ; elle fut désastreuse pour le canal; ses recettes moyennes tombèrent de 2.417.500 à 778.500 francs, du 1er juin 1857 au 31 mai 1858, tandis que les dépenses d'entretien s'étaient élevées à 823.200 fr. Ce canal ne faisait plus ses frais. L'aliment commercial manquait pour assurer la prospérité d'une double voie. La compagnie du canal fit, auprès de l'administration supérieure, les plus actives démarches, afin d'être préservée de la ruine. Un nouveau traité reçut, le 22 juin 1858, l'approbation du Conseil d'État; mais il différait très-notablement du premier ; la durée était réduite de quatre-vingt-dix-neuf à quarante ans; le tarif fixé uniformément à 6 centimes, depuis l'achèvement du canal latéral, était réduit à 6, 4, 3 et 2 centimes, et celui du canal latéral, bien que relevé d'un centime, était fixé à 4 et à 3 centimes pour la remonte, 3 et 2 centimes pour la descente.

Ainsi, la paix était faite, les deux voies navigables étaient sauvées; le chemin de fer obtenait la suppression d'une concurrence sérieuse; mais, fidèle à la doctrine qu'il n'oubliait pas un instant, M. de Franqueville stipulait, en faveur du pays, des avantages nouveaux, en réduisant les taxes légales dans les limites que nous venons de faire connaître.

L'opinion publique avait satisfaction, le chemin de fer tant désiré était obtenu; mais on oublie vite en France: quelques années s'étaient à peine écoulées qu'on demandait la séparation des canaux et du chemin de fer, et que l'on reprochait au Gouvernement les combinaisons à l'aide desquelles, désobéissant en quelque sorte aux Chambres, il avait, à la fois, sauvé le canal et le chemin de fer. Nous ne pouvons entrer dans de plus longs détails sur cette affaire, mais la question revenait sans cesse, et M. de Franqueville avait presque toujours dans son cabinet les documents qui la concernaient.

Crise de 1857-1858. — Les lois proposées en 1857 furent votées par les pouvoirs publics et rien ne semblait devoir en arrêter l'exécution, lorsqu'à la fin de l'année survint une crise à la fois financière et commerciale, qui se fit rapidement sentir sur tous les points du territoire. Les conséquences en furent désastreuses. Il y eut, à la fois, diminution des transports et, par conséquent, des recettes, et dépréciation du cours des actions. Obligées de suspendre l'émission de leurs obligations ou d'accepter des cours absolument onéreux, les compagnies se trouvaient dans le plus grand embarras et à la veille d'arrêter les travaux.

Lois présentées en 1859. — La situation était fort délicate. Le Gouvernement pouvait dire aux compagnies qu'elles avaient accepté librement leurs concessions, et qu'il n'appartenait pas au trésor public de supporter les chances, devenues mauvaises, d'entreprises purement commerciales.

Les compagnies répondaient qu'elles avaient entrepris, avec la plus entière bonne foi, des travaux considérables ; qu'elles avaient dépensé, en totalité, leur capital-actions ; que ce capital était représenté par des travaux et un matériel roulant d'une valeur incontestable ; que l'État pouvait, s'il le voulait, amener la faillite de plusieurs des compagnies, mais que cela ne lui donnerait pas de chemins de fer ; que l'esprit d'association, qui avait déjà produit en France de grandes choses, serait pour longtemps et peut-être à jamais découragé ; enfin, qu'un secours, fût-il momentané, permettrait aux compagnies de traverser la crise, et que l'État trouverait, en avantages directs et indirects, la plus large compensation aux sacrifices qu'il aurait pu faire momentanément.

Ces considérations décidèrent le Gouvernement à venir au secours des compagnies. Il restait à déterminer sous quelle forme on pourrait consolider leur crédit et les aider à trouver les sommes nécessaires à l'achèvement des travaux prévus par les lois de concession.

On ne pouvait songer à des subventions directes en argent, ni même à un prêt, comme on l'avait fait dix-huit ans auparavant pour les compagnies de Strasbourg à Bâle, et de Paris à Rouen. Restait *la garantie d'intérêt*. Ce système ne présentait qu'une éventualité probablement assez éloignée, tandis que la certitude de cette intervention de l'État suffisait pour rassurer les prêteurs les plus timorés.

Garantie d'intérêt. Division des concessions en deux réseaux. — On a beaucoup critiqué la garantie d'intérêt accordée aux compagnies de chemins de fer; on a prétendu qu'armées du droit de puiser indéfiniment dans la caisse du trésor public, les compagnies n'avaient plus aucun intérêt à réaliser des économies. Nous ne craignons pas de le dire, ceux qui formulent ces critiques ignorent à peu près complétement les faits; nous estimons, au contraire, que jamais problème financier plus grave n'a été soumis à l'appréciation des pouvoirs publics et n'a été résolu avec une plus profonde sagacité. Il faudrait reproduire textuellement l'exposé des motifs, rédigé presque entièrement par M. de Franqueville, et présenté aux Chambres le 8 février 1859, à l'appui des conventions passées avec les huit compagnies d'Orléans, du Nord, de Paris à Lyon et à la Méditerranée, du Dauphiné, de l'Ouest, de l'Est, des Ardennes et du Midi.

Incidemment, nous formons le vœu de voir, un jour, réunie dans un même volume, la suite des *Exposés* préparés par M. Legrand, par M. de Boureuille et par M. de Franqueville ; cette collection, précieuse à tant de titres, formerait la base de l'histoire de nos travaux publics.

Les exposés rédigés par le dernier directeur général ne portent jamais sa signature ; il ne présentait pas les affaires sous la forme de rapports au Ministre ; il s'effaçait toujours volontairement derrière celui-ci ; son travail était rédigé sous forme de rapports du Ministre à l'Empereur. Les nombreuses conventions passées avec les compagnies de chemins de fer ne mentionnent jamais le nom de M. de Franqueville, et, si elles n'étaient pas écrites de sa main, on pourrait oublier la part qu'il a prise à leur rédaction.

Mais revenons à la crise de 1857, et aux moyens employés pour la conjurer. Après avoir indiqué, à grands traits, les phases difficiles traversées par l'industrie des chemins de fer, l'auteur de l'Exposé des motifs faisait connaître en quoi consistait le régime de la garantie d'intérêt, que le Gouvernement proposait de créer en faveur des compagnies de chemins de fer.

En premier lieu, la garantie d'intérêt, ou plutôt les sommes à payer par l'État en vertu de cette garantie, étaient accordées, non pas à titre de don, mais à titre de prêt pendant cinquante années seulement. Ce prêt, portant intérêt simple à quatre pour cent, serait remboursé par les excédants de recettes que l'on était légitimement en droit d'espérer, et, à leur défaut, par la valeur du matériel roulant, à la fin de la concession.

En second lieu, la garantie d'intérêt ne s'appliquait point à la totalité des sommes dépensées par les compagnies ; une part très-importante de ces sommes — elle s'élève à 2.665 millions de francs — restait absolument en dehors de la garantie de l'État. On divisait, à cet égard, les concessions de chaque compagnie en deux groupes, qui prenaient les noms d'*ancien réseau* et de *nouveau réseau*.

L'ancien réseau comprend les artères principales de chaque concession, c'est-à-dire les lignes productives ; aucun revenu ne leur est garanti ; loin de là, elles sont appelées à soutenir les lignes secondaires.

Le nouveau réseau comprend les lignes auxquelles l'État accorde, en principe, une garantie d'intérêt. Les huit conventions proposées aux Chambres avaient pour but principal d'assurer l'achèvement de ces lignes, achèvement fort compromis par la crise.

Cette division fondamentale établie entre les lignes d'une même compagnie, la garantie d'intérêt était d'abord fixée à un taux très-inférieur au taux réel d'émission ; ensuite, de larges prélèvements effectués sur les recettes des lignes de l'ancien réseau réduisaient, dans une forte proportion, les sacrifices que l'État entendait faire ; enfin, la garantie ne s'appliquait qu'à un capital déterminé. Il importe d'entrer dans quelques détails au sujet de ces combinaisons trop peu connues.

Le taux auquel les compagnies avaient pu placer leurs obligations, amortissement compris, variait entre 5,50 et 6 pour cent; on a admis d'une manière générale, 5,75 pour cent. L'État n'entendait nullement garantir ce chiffre, il accordait pour l'intérêt et l'amortissement 4,65 pour cent ; il fallait donc assurer la différence. C'est à l'ancien réseau de chaque compagnie que cette charge incombait. L'ancien réseau ne se désintéressait donc pas du sort qui attendait le nouveau réseau ; il lui constituait, en quelque sorte, une première dotation en prélevant, sur ses propres revenus, une somme suffisante pour payer 1,10 pour cent (différence entre 5,75 et 4,65) du capital de premier établissement de ce second réseau.

Mais ce sacrifice n'était pas le seul qui fût demandé à l'ancien réseau. L'État n'admettait pas que les dividendes à distribuer aux actionnaires pussent demeurer ce qu'ils étaient avant la crise qui avait frappé les compagnies, ni même s'élever au-dessus d'un chiffre déterminé, tant que le trésor public serait appelé à fournir un subside quelconque. Les conventions fixaient ce que l'on a appelé le revenu réservé de l'ancien réseau; tout ce qui dépassait ce revenu était déversé au second réseau et venait ainsi en atténuation des sacrifices de l'État. L'excédant des recettes réalisées sur des lignes productives servait donc à rémunérer une partie du capital consacré à la construction des lignes improductives.

Enfin, et cette dernière restriction devrait suffire à faire tomber bien des critiques, la garantie d'intérêt ne s'applique qu'à un capital défini, dans chaque convention, à titre de maximum. Si les dépenses de construction restent au-dessous de ce maximum, l'Etat n'accorde sa garantie que jusqu'à concurrence du capital dépensé;

si les dépenses excèdent le chiffre maximum, les compagnies supportent intégralement les charges de cet excédant de dépenses et l'ancien réseau doit subir cette troisième atténuation de ses produits.

Telles ont été les bases de ces conventions de 1859, aujourd'hui célèbres dans l'histoire des chemins de fer. Au moment où elles furent discutées avec les représentants les plus élevés des compagnies, — et parmi ces derniers on comptait MM. Talabot et Didion, — ainsi qu'au moment des négociations relatives au rachat du Grand-Central, la tension d'esprit de M. de Franqueville était à son comble. Les lettres qu'il écrivait, à cette époque, montrent l'ardeur avec laquelle il poursuivait la solution de ces difficiles problèmes. A l'heure des repas pris en commun avec son fils alors âgé de dix-neuf ans, les réseaux, le déversoir, la garantie d'intérêt, formaient l'unique objet de la conversation du directeur général.

Soutenues avec éclat par M. de Franqueville, qui prit la parole dans les séances des 17, 18 et 19 mai 1859, les conventions reçurent l'approbation du Corps législatif, puis celle du Sénat. Elles reposaient sur la plus saine appréciation des faits : l'achèvement du réseau était une nécessité indiscutable et devant laquelle l'État ne pouvait rester indifférent; cet achèvement était compromis, si l'on ne venait pas au secours des compagnies; mais ce secours, l'État ne le devait pas, il l'accordait en le faisant payer, et payer chèrement.

Nous ne saurions, en effet, trop insister sur ce point. On a reproché à M. de Franqueville sa prédilection pour les grandes compagnies; cette prédilection existait, nous le reconnaissons, mais elle reposait sur une pensée unique : le développement du réseau français. M. de Franqueville estimait que les grandes compagnies seules pouvaient mener à bien la construction d'un réseau qu'on ne prévoyait pas devoir dépasser vingt mille kilomètres et qui ne tardera pas à en avoir trente mille.

Pour obtenir des compagnies ces grands résultats, M. de Franqueville cherchait volontiers les moyens de soutenir leur crédit et de leur venir en aide, sans jamais oublier les intérêts de l'État. Les cahiers des charges ont été plusieurs fois modifiés, et il n'y a pas une modification au contrat primitif qui n'ait été payée par les compagnies au prix de sacrifices nouveaux et fort importants.

Ainsi, en 1859, les compagnies qui trouvaient bien lourd le fardeau que leur imposaient les lois antérieures, non-seulement acceptent la concession de six cents kilomètres de lignes nouvelles improductives, mais elles admettent des modifications profondes à leurs cahiers des charges. Les militaires et marins, qui payaient moitié du tarif, voyageront désormais au quart; les transports de la poste qui étaient payés sur diverses lignes cesseront de l'être à une époque fixée; le partage des bénéfices, prévu lorsque les actions recevront 8 pour cent, est stipulé pour certaines lignes dès que la rémunération du capital atteindra seulement 6 pour cent.

Vérification des comptes des compagnies. — Voté par les Chambres en 1859, le régime de la garantie d'intérêt constituait une véritable association entre l'État et les concessionnaires; il importait d'établir des règles précises pour la vérification de la comptabilité des compagnies. Des règlements d'administration publique, préparés par M. de Franqueville, furent successivement promulgués et ils reçoivent, depuis quinze ans, une application journalière.

On a dit, à la tribune de l'Assemblée nationale, que les comptes des grandes compagnies n'étaient ni vérifiés, ni vérifiables; que, maîtresses du trafic, les compagnies dirigeaient les marchandises sur les lignes de l'ancien réseau pour augmenter leurs dividendes au détriment de l'État. Tout cela est profondément inexact et dénote une complète ignorance du mécanisme des conventions. Les comptabilités des compagnies sont vérifiées, dans le plus grand détail, par les inspecteurs des finances ; les frais de premier établissement sont arrêtés après la plus minutieuse instruction ; enfin les commissions de vérification, composées d'inspecteurs généraux des ponts et chaussées, des mines et des finances, de représentants de la Cour des comptes et de fonctionnaires de l'ordre le plus élevé du ministère des finances, présidées par deux présidents de section au Conseil d'État, dont les noms inspirent le plus grand respect, MM. Aucoc et Goussard, statuent, sauf recours au Conseil d'État, sur les difficultés que pourrait soulever une aussi vaste opération.

Quant au détournement du trafic, il serait absolument inutile, puisque le revenu ne peut dépasser un chiffre invariable, tant que la garantie de l'État fonctionne.

Concessions de 1859 à 1870. — La formule de la garantie d'intérêt une fois établie, le réseau français reçut de rapides développements, ainsi que le montre le tableau ci-après, qui résume les longueurs à la fin de chaque exercice :

Longueur totale au 31 déc.		1859. .	14.758 kil.
—	—	1860. .	14.974
—	—	1861. .	15.960
—	—	1862. .	16.785
—	—	1863. .	19.315
—	—	1864. .	20.134
—	—	1865. .	20.550
—	—	1866. .	20.559
—	—	1867. .	20.737
—	—	1868. .	21.105
—	—	1869. .	22.054
—	—	1870. .	22.668

Le réseau français augmenté de 660 kilomètres par an, voilà l'œuvre de M. de Franqueville pendant les quinze premières années de sa direction.

Les principes des contrats nouveaux étaient ceux inscrits dans la convention de 1859; mais les compagnies, en échange des modifications qu'elles réclamaient, consentaient encore à l'établissement d'une quatrième classe pour le transport des marchandises encombrantes; la taxe kilométrique uniforme de dix centimes était remplacée par la taxe différentielle de huit, cinq et quatre centimes pour la houille, les pierres, les minerais et quelques autres marchandises.

Si l'on songe que les prix insérés dans les cahiers des charges sont prévus pour une durée de quatre-vingt-dix-neuf ans, et si, comme tout l'indique, la valeur du signe monétaire va toujours en décroissant, la substitution d'une taxe de quatre centimes à celle de dix est une modification dont nos enfants apprécieront l'importance.

Deux récompenses exceptionnelles furent accordées à M. de Franqueville : en 1863, il était nommé inspecteur général de première classe, et en 1868, grand officier de la Légion d'honneur. Bien peu de fonctionnaires civils reçoivent cette dernière distinction ; elle n'avait jamais été mieux méritée.

Conseil d'État. — Pour ne pas interrompre notre récit des crises subies par l'industrie des chemins de fer et des mesures prises successivement, nous n'avons pas mentionné la nomination faite, le 19 septembre 1857, de M. de Franqueville comme conseiller d'État hors section. Ses lettres montrent qu'il appréciait très-haut cette récompense de ses services; c'était pour lui « le bâton de maréchal » ; mais il se préoccupait modestement des devoirs nouveaux qu'il allait avoir à remplir. L'idée de prendre la parole devant les Chambres le troublait véritablement. La situation faite aux conseillers d'État chargés de défendre les projets de lois était d'ailleurs fort délicate; leurs réponses pouvaient engager le Gouvernement, tandis que les véritables représentants de celui-ci, les ministres, de par la Constitution, étaient obligés de garder le silence.

M. de Franqueville eut recours à son moyen favori, l'étude; il creusait tellement toutes les affaires qu'il était presque impossible de le prendre à l'improviste. Il prit la parole pour la première fois le 29 avril 1858, à la Chambre des députés, dans une discussion relative à la navigation de la Marne et de la Moselle. Sa parole était très-correcte, mais précipitée; il faisait le désespoir des sténographes. « Il arrive fréquemment, disait un journal, jusqu'à vingt-six, jusqu'à vingt-sept lignes par minute, et des lignes terribles encore, des lignes bourrées de faits, de dates, de chiffres, de noms propres. »

Très-assidu aux séances du Conseil d'État, M. de Franqueville prenait part à toutes les discussions relatives aux travaux publics; mais jamais il n'ouvrit la bouche sur une question étrangère à son service; il ne l'avait pas assez étudiée, pensait-il. Notre pays serait bien heureux, si tous les orateurs imitaient cette sage réserve.

L'appréciation technique donnée par les sténographes des discours de M. de Franqueville est très-exacte ; ce ne sont point, à proprement parler, des discours, ce sont des exposés de faits précis ; la preuve est, en quelque sorte, derrière chaque énoncé : les conclusions arrivent naturellement, et l'orateur a accompli sa tâche.

Session législative de 1865. — Malgré sa répugnance à parler en public, répugnance telle qu'il priait ses amis de ne jamais venir l'entendre, M. de Franqueville dut prendre fréquemment la parole, pendant la session législative de 1865, notamment le 22 mars sur l'affaire du canal de Saint-Dizier ; le 15 et le 20 mai sur la pêche et les associations syndicales ; les 14, 20, 21 et 27 juin sur les inondations, les phares, la navigation intérieure, les rues de Paris, les canaux, et les chemins de fer ; le 2 juillet sur les tarifs.

Discours du 21 juin 1865. — Le discours du 21 juin 1865 est le plus important de tous ceux qui ont été prononcés par M. de Franqueville ; pour un homme plus ambitieux que lui, c'eût été un véritable discours-ministre, pour employer le langage parlementaire. Il s'agissait du régime général des chemins de fer. La manière dont ils étaient exploités, le système de la garantie d'intérêt, avaient été l'objet de vives attaques ;

M. de Franqueville répondit à chacune d'elles avec une grande vigueur et une grande netteté.

En ce qui concernait l'exploitation, il démontra d'une manière irréfutable qu'il n'y avait pas de système plus démocratique et plus égalitaire que celui qui a été adopté pour la fixation des tarifs. Il rappela que les traités particuliers, que les tarifs d'abonnement avaient été successivement supprimés — les nations commerçantes et industrielles comme l'Angleterre ne comprennent pas les idées qui ont cours en France à ce sujet; — il ne subsistait que le tarif pur et simple du prix fixé à la tonne, sauf, pour quelques marchandises encombrantes, la clause du wagon complet. Les tarifs étaient perçus selon la distance; s'ils étaient différentiels, ils décroissaient avec la distance à parcourir; mais jamais les parcours intermédiaires ne pouvaient être taxés plus haut que le parcours total : c'est ce qu'en langage technique on appelle *la clause des stations non dénommées.*

Au point de vue de la vitesse, M. de Franqueville fit observer, avec beaucoup de raison, que cet avantage devait se payer. Pour la presque totalité des marchandises de petite vitesse, les compagnies françaises offrent au public deux prix : l'un correspondant à une vitesse assez grande, l'autre à une vitesse beaucoup moindre, mais compensée par un très-fort abaissement du prix. Il est sans exemple qu'en France la préférence soit donnée au prix le plus haut. Ce que l'on veut dans notre pays, c'est le bon marché; en Angleterre, au contraire, on veut la vitesse. Sans doute, il serait désirable de pouvoir réunir la vitesse et le bon marché; mais ce sont deux choses souvent inconciliables.

En stipulant des délais supplémentaires, les compagnies françaises entendent seulement se précautionner contre des demandes d'indemnité pour les cas de retard, et M. de Franqueville produisit à la tribune un document fort intéressant :

Sur 578 expéditions de marchandises de Marseille sur Paris faites dans un intervalle de dix journées,

27, soit 4 1/2 pour cent, s'étaient effectuées dans un délai plus long que les délais réglementaires;

54, soit 9 1/2 pour cent, s'étaient effectuées dans les délais;

497, soit 86 pour cent, avaient été transportées dans des délais plus courts.

Passant ensuite à l'examen du système financier, M. de Franqueville relevait d'abord l'aveu, échappé à ses contradicteurs, que les conventions de 1858 et de 1859 avaient assuré l'achèvement du réseau national, *achèvement qui, sans ces conventions, eût été absolument compromis.*

Cet avantage considérable avait-il été payé trop cher? C'est ce qu'il fallait examiner.

Prenant alors la situation de chaque compagnie, M. de Franqueville examinait ce que devait être la garantie d'intérêt pour le présent et pour l'avenir; sans dissimuler les difficultés de tout genre que pouvaient présenter des évaluations de cette nature, il estimait qu'en 1870 le chiffre total de la garantie d'intérêt s'élèverait à. . . . . 44 millions;

En 1871, à. . . . . 47 —

En 1872, à. . . . . . . 48 ou 50 —

En 1875, à. . . . . 34 —

A cette époque, disait le directeur général, le réseau sera terminé; en supposant un accroissement annuel de 1 1/2 pour cent, les garanties iront en décroissant jusqu'en 1885, et, à partir de cette époque, commencera pour l'État la période du remboursement des avances faites aux compagnies.

L'expérience a prononcé. Jusqu'en 1873 et 1874, malgré les désastres de 1870 et 1871, les prévisions de M. de Franqueville se sont réalisées, et la libération des compagnies eût commencé en 1885, si l'on n'eût pas modifié, de la manière la plus grave, la base fondamentale qu'il avait admise : *l'achèvement du réseau en* 1875. Au lieu de s'arrêter et de se reposer quelques années, on a voulu marcher toujours et marcher plus vite; plusieurs milliers de kilomètres improductifs ont été ajoutés au réseau. Il ne faut pas s'étonner si les sacrifices de l'État iront en croissant et si l'époque du remboursement des avances va en s'éloignant de notre horizon financier.

En terminant ce discours dont nous ne pouvons donner qu'une froide analyse, M. de Franqueville insistait sur des considérations trop peu connues : le rapport entre le capital donné par l'État à titre de subvention et les avantages directs et indirects que l'État retirait de l'exécution des chemins de fer. D'une part, l'État encaissait des impôts dont le chiffre allait croissant chaque année; d'autre part, il réalisait dans ses dépenses des économies considérables : les transports militaires payés au quart du tarif, les transports postaux effectués gratuitement, représentaient des sommes énormes. En réunissant tout cela, l'État, si l'on dressait un compte de banque, avait placé son argent à plus de 7 1/2 p. cent. On ne faisait pas, bien entendu, entrer en ligne de compte la prospérité générale que l'exécution des chemins de fer apportait au pays, prospérité dont le trésor public recueillait les premiers fruits.

C'était, nous ne craignons pas de le dire, une bonne fortune pour les représentants du pays, d'entendre, exposés à la tribune avec une pareille lucidité, avec une loyauté parfaite, les plus grands problèmes économiques. Le discours de M. de Franqueville eut un succès incontesté; imprimé par ordre du Ministre des travaux publics, il fut adressé à tous les ingénieurs.

Loi sur les chemins de fer d'intérêt local. — Le discours dont nous venons de rappeler les parties principales avait été prononcé dans la discussion relative à la loi des chemins de fer d'intérêt local. Cette loi fut promulguée le 12 juillet 1865. Elle répondait à un désir très-vif, formulé par les départements, de voir construire de nouvelles lignes. On avait proclamé la nécessité de créer des chemins de fer qui desserviraient, soit des centres de population de minime importance, soit des mines de houille et de fer, des carrières, de grandes usines. On exaltait, outre mesure, la construction en Alsace de petits chemins de fer n'ayant de vicinal que le nom, et qui n'avaient pu être achevés qu'à la condition d'être englobés dans le second réseau de la compagnie de l'Est, au même titre que la ligne de Paris à

Mulhouse. La loi nouvelle renouvelait une tentative déjà ancienne d'assurer la construction des lignes secondaires par le concours des intéressés, des communes, des départements et de l'État; des précautions particulières étaient prises pour que, avant le commencement des travaux, l'exploitation fût assurée. Avec ces restrictions, l'exécution d'un certain nombre de chemins de fer était possible. Les départements de la Meurthe, des Ardennes, des Vosges, de la Meuse, donnèrent l'exemple et votèrent la construction d'une dizaine de petites lignes qui sont exploitées par la compagnie de l'Est.

Mais on pouvait redouter l'abus qui serait fait de ces concessions, et M. de Franqueville ne cachait pas les craintes qu'il ressentait à ce sujet et qui n'ont été que trop justifiées par la crise survenue après une application de moins de dix années. Il lui semblait difficile de bien distinguer un chemin d'intérêt local d'un chemin d'intérêt général, et il redoutait les difficultés qui se sont si rapidement produites. D'un autre côté, les chemins de fer sont, en temps de guerre, appelés à rendre au pays de trop grands services pour que l'État demeure absolument étranger à leur exploitation; l'existence d'une série de petites entreprises presque ignorées de l'administration centrale, ne disposant que d'un très-faible matériel roulant, peut donner lieu à d'assez grandes complications. On ne peut prévoir l'emploi des lignes secondaires pour des mouvements militaires importants qu'à la condition de les supposer absorbées par les grandes exploitations voisines. Quelles seront les conséquences de cette absorption même momentanée? Il était, il est toujours difficile de le dire. En un mot, M. de Franqueville estimait que l'État seul doit créer des chemins de fer, qu'à cet égard les idées de décentralisation dépassent le but, et que la loi de 1865 doit être profondément remaniée.

Travaux du service des ponts et chaussées. — Les préoccupations que la solution de la question des chemins de fer imposait à M. de Franqueville ne lui faisaient point oublier les autres parties du grand service dont il était chargé.

Chaque année, des lois importantes étaient présentées pour obtenir des pouvoirs publics les fonds nécessaires à l'achèvement des routes nationales et des grands ponts, des canaux et des travaux sur les rivières, des ports de commerce et des phares.

Le service hydraulique recevait, en même temps, la plus vigoureuse impulsion ; les Chambres étaient saisies de lois relatives à l'assainissement des Dombes et de la Sologne, de la Brenne, de la Camargue, à la création de routes agricoles dans les landes de Gascogne, au développement des semis dans les dunes, au drainage et aux associations syndicales, etc., etc.

Nous ne saurions, sous peine d'allonger démesurément cette Notice, analyser chacune de ces lois. En parlant du dernier budget préparé par M. de Franqueville, celui de 1877, nous montrerons avec quelle ampleur de vue les besoins du pays étaient appréciés par le directeur général. Nous nous arrêterons seulement, quelques instants, à une grave question au sujet de laquelle, sous son administration, on a pris des mesures très-importantes; nous voulons parler des travaux destinés à prévenir les ravages des inondations.

Travaux destinés à prévenir les ravages des inondations. — La constitution du réseau des chemins de fer en France et la lutte contre le fléau des inondations paraissent avoir été l'objet de la pensée constante de M. de Franqueville; son fils a retrouvé, dans ses papiers particuliers, deux notes écrites de sa main : la première relative aux garanties d'intérêt; la seconde, aux inondations; elles portent les dates du 28 avril et du 15 mai 1876. Obéissait-il à une sorte de pressentiment en résumant, sur le papier, des souvenirs qui embrassent une longue période de temps? C'est ce que personne ne saurait dire.

Nous avons déjà, au sujet des chemins de fer, parlé des dernières études faites par M. de Franqueville sur les garanties d'intérêt; il nous reste à nous occuper du travail sur les inondations.

Le fléau des inondations semble sévir d'une manière périodique sur la France, et les années 1846, 1856, 1866, 1875 et 1876 sont des dates qui resteront gravées dans la mémoire des populations.

En 1846, le bassin de la Loire seul fut atteint; mais en 1856, les inondations eurent un caractère de violence et de généralité sans exemple jusqu'alors. Cinquante-cinq départements eurent à souffrir du débordement des eaux, les pertes éprouvées par 429.724 sinistrés furent évaluées à la somme énorme de cent soixante-dix-huit millions.

L'administration supérieure ne pouvait rester indifférente devant de pareils désastres, et, le 26 juillet 1856, un service d'études fut organisé pour chacun des quatre grands bassins de la Loire, du Rhône, de la Garonne et de la Seine.

Les ingénieurs des ponts et chaussées se mirent à l'œuvre avec le dévouement auquel le pays est depuis longtemps habitué; des travaux considérables furent adressés à l'administration. Résumés par les inspecteurs généraux placés à la tête de chacun des services, les rapports des ingénieurs furent, devant le Conseil général, l'objet de longues discussions qui aboutirent aux conclusions suivantes :

« Les inondations des grands fleuves ne peuvent être ni supprimées, ni même atténuées dans une mesure suffisamment utile par la création de réservoirs artificiels[1] qui arrêteraient dans les régions supérieures du bassin une partie du volume des eaux.

« Le système d'endiguement général prétendu insubmersible présente de graves inconvénients et ne saurait donner, en aucun cas, une garantie complète de sécurité[2].

« On peut, à l'aide de défenses directes et locales, mettre les grands territoires submersibles et, avant tout, les villes et les principaux centres de population établis dans les vallées, à l'abri

1. La dépense à faire pour la création d'un premier groupe de réservoirs était évaluée à 400 millions.

2. Tous les ingénieurs connaissent les levées de la Loire, dont le plus grand nombre paraît dater des onzième et douzième siècles; leur couronnement, fixé à cinq mètres au-dessus de l'étiage, atteint aujourd'hui huit mètres, non compris une banquette supplémentaire de un mètre établie à la suite de la crue de 1846; elles sont aujourd'hui insuffisantes sur plusieurs points.

des ravages auxquels les crues les exposent aujourd'hui. »

Ces conclusions prudentes furent adoptées par le Gouvernement et par les Chambres, et un crédit de cinquante millions fut mis à la disposition des ingénieurs pour préserver trente-six villes des inondations.

La loi du 28 mai 1858 a reçu la plus large et la plus heureuse exécution : le nombre des villes protégées a été porté à cinquante, sans que l'on ait dépassé la limite des crédits fixés; parmi ces villes, il faut citer :

Lyon, Givors, Avignon, Beaucaire, Tarascon, Arles, Grenoble, Annonay;

Saint-Étienne, Nevers, Moulins, Vichy, Blois, Amboise, Tours, Angers;

Périgueux, Condom, Aiguillon, Agen;

Troyes.

Sur la Garonne, l'administration avait projeté l'exécution de travaux pour la protection du faubourg Saint-Cyprien; la ville de Toulouse ne crut pas devoir s'associer à l'exécution de cette entreprise; elle a dû le regretter amèrement en 1875.

Tous les travaux dont nous venons de parler étaient à peu près achevés, lorsque survint la crue de 1866 qui n'a causé aucun dommage aux villes protégées par les nouveaux ouvrages.

Le système de défense adopté par le Conseil général des ponts et chaussées doit donc être admis avec reconnaissance par le pays, et un progrès considérable a été réalisé. Sans doute, on ne supprimera pas les inondations; mais si l'on protége les villes d'une manière complète, si les anciennes digues sont bien défendues, si partout ailleurs on laisse l'eau monter lentement, en se contentant de garantir les plaines riveraines contre les crues ordinaires, qui sont les plus fréquentes et en définitive les plus dommageables, on aura, dans la lutte contre les inondations, atteint la limite du possible.

Conseil supérieur du commerce, de l'agriculture et de l'industrie. — En 1869, M. de Franqueville fut nommé membre du Conseil supérieur du commerce, de l'agriculture et de l'industrie. Jusqu'à sa mort, il prit une part active aux délibérations de cette assemblée. On peut deviner la modération de ses idées en matière d'économie politique : ni libre échange absolu, ni protection absolue. On devait, selon lui, étudier de la manière la plus complète la situation de chaque industrie, se rendre compte des ressources que lui offrait le pays au point de vue des matières premières et des débouchés, puis établir les droits de douane, de façon à permettre la concurrence, sans donner à l'industrie étrangère les moyens d'anéantir une industrie nationale. L'étude approfondie avant toutes choses, puis la modération dans la pratique; avec un pareil programme, on peut aborder toutes les questions.

Règlement de l'affaire franco-belge. — Nous venons de dire que M. de Franqueville pouvait aborder toutes les questions. Il fut, dans cette même année 1869, chargé d'une véritable mission diplomatique. Il s'agissait de régler le conflit qui s'était élevé entre la Belgique et la France, au sujet de la cession d'un chemin de fer belge à une compagnie française. Il a été dit, sur cette affaire, les choses les plus extraordinaires; nous tâcherons de rappeler sommairement les faits.

La compagnie des chemins de fer de l'Est avait, depuis près de dix ans, l'exploitation d'un réseau Luxembourgeois et Belge qui, partant de notre ancienne frontière vers Thionville, aboutissait à Spa et à Pépinster, entre Liége et Verviers; elle était donc en relation directe et journalière avec plusieurs chemins de fer belges.

En 1868, deux sociétés, — l'une, la société générale d'exploitation des chemins de fer de l'État Néerlandais, l'autre, la grande compagnie du Luxembourg belge, — qui étaient toutes deux dans une situation financière fort précaire, demandèrent à la compagnie de l'Est de prendre à bail : la première, une ligne allant de Liége en Hollande; la seconde, tout son réseau comprenant la ligne de Bruxelles à Arlon, et un embranchement sur Liége. La société Néerlandaise accordait à la compagnie de l'Est le droit de conduire ses trains jusqu'à Amsterdam et à Rotterdam.

Après une longue étude, ces propositions furent accueillies par la compagnie de l'Est; mais, avant d'être converties en traités, elles devaient être soumises au Ministre des travaux publics et au directeur général des chemins de fer. Celui qui écrit ces lignes fut chargé de cette communication. Il s'agissait d'assurer au réseau de l'Est, sur cinq à six cents kilomètres, le transit qui s'échange entre les ports de la mer du Nord et la Suisse; l'administration des travaux publics donna à cette combinaison le plus complet assentiment. Les négociations furent reprises et les traités signés; on en préparait les copies, — il y avait un très-grand nombre de pièces annexes, — lorsqu'une vive et subite émotion s'empara de la Belgique. On vit, dans cette affaire purement commerciale, une véritable tentative d'annexion faite par le Gouvernement français.

L'arrivée, à Bruxelles et à Anvers, de modestes agents appartenant à une compagnie française fut signalée comme un danger public; il y avait, depuis de longues années, des employés des compagnies du Nord et de l'Est, mais on ne raisonnait plus. On fit une loi de salut public contre les compagnies de chemins de fer et l'incident franco-belge devint une question internationale de premier ordre.

Après de longs pourparlers, le règlement de cette affaire fut confié à une commission nommée par les deux Gouvernements.

Les commissaires belges étaient :

MM. Fassiaux, directeur général des postes, chemins de fer et télégraphes ;

Van der Sweep, inspecteur général des chemins de fer ;

Belpaire, ingénieur en chef, directeur de la traction et du matériel.

Les commissaires français :

MM. Cornudet, président de section au Conseil d'État ;

De Franqueville, conseiller d'État, directeur général des ponts et chaussées et des chemins de fer ;

Combes, inspecteur général des mines.

Les réunions eurent lieu à Paris, dans le cabinet de M. de Franqueville. On dit que le langage diplomatique comporte des réticences, des sous-entendus, cela est possible. En tout cas, M. de Franqueville ne s'en préoccupa guère. Dès la première séance, il prit véritablement la direction des débats, et la netteté de ses explications, la franchise de ses déclarations, firent, sur ses honorables contradicteurs, nous le tenons d'eux-mêmes, la meilleure impression. Après plusieurs séances employées à dissiper des malentendus, une modeste convention d'exploitation, — il n'était plus depuis longtemps question des traités primitifs, — vint fixer les relations entre la compagnie de l'Est, la société du Grand-Luxembourg et le chemin de fer de l'État.

Pendant le cours de ces négociations, M. de Franqueville avait, sur le désir du Gouvernement français, longuement expliqué la question au représentant de l'Angleterre, lord Lyons, et lui en avait indiqué le véritable point de départ : la détresse de deux compagnies de chemins de fer réclamant le concours d'une compagnie française avec laquelle elles avaient d'anciennes relations. Privées par la politique de ce concours, les deux sociétés ont dû s'adresser à leurs gouvernements ; les contrats de la société Néerlandaise ont été récemment revisés, et en 1872 l'État belge a racheté la grande compagnie du Luxembourg ; seulement il a payé un prix double de celui qui avait été stipulé dans le traité de 1868 avec la société française.

Conseil général de la Côte-d'Or. — Les propriétés de Madame de Franqueville étaient situées dans la Côte-d'Or, dans l'arrondissement de Semur. Plusieurs électeurs demandèrent à M. de Franqueville de les représenter au Conseil général. Il avait au sujet, non pas des fonctions dues à l'élection, mais des démarches que comporte souvent une élection, les plus vives répugnances, et il se sentait absolument incapable de solliciter des suffrages. On ne put le décider à aller dans la Côte-d'Or au moment des élections, et il se contenta d'envoyer une circulaire. Il fut élu en 1858, réélu en 1861 et nommé, la même année, vice-président du Conseil général. Il prit, pendant douze ans, de 1858 à 1870, part aux délibérations de ce Conseil, que présidait avec tant de finesse et de bonhomie le regretté maréchal Vaillant. Sa grande expérience, son amour du bien public, furent appréciés de tous ses collègues.

Les séances du Conseil général fatiguaient beaucoup M. de Franqueville ; elles absorbaient une partie des courtes vacances, dont il avait si grand besoin. « Ce n'est pas la peine de quitter mon bureau de Paris, écrivait-il à ses amis, pour retrouver à Dijon des commissions, des séances, des dîners officiels. » En 1870, il fallut recourir aux plus vives instances pour le décider à poser de nouveau sa candidature. Il ne fut pas réélu. Son concurrent, M. le comte de Guitaut, qui eut sur lui 150 voix de majorité, s'excusait, dans sa circulaire, de se présenter contre l'homme véritablement éminent qui avait représenté le canton, et qui ne pouvait mériter qu'un reproche, celui de ne pas visiter souvent le pays.

Questions relatives au personnel du corps des ponts et chaussées. — M. de Franqueville n'avait pas dans ses attributions le service du personnel, et plusieurs fois il le regretta ; il avait au plus haut point ce que l'on appelle l'esprit de corps, et tout ce qui nous intéressait le touchait véritablement au cœur.

Dans sa pensée, tous les travaux publics auraient dû être confiés aux ingénieurs des ponts et chaussées ; sur cette seule question, il fut en désaccord complet avec l'homme dont il n'a jamais cessé de respecter la mémoire, M. Legrand. La création, dans les départements, d'un service de chemins vicinaux distinct du service des ingénieurs avait été pour lui une cause de regrets persistants, et chaque fois qu'un Conseil général réunissait tous les services, il éprouvait une grande joie. Il voyait avec une véritable fierté les pays étrangers, les compagnies de chemins de fer, les administrations municipales, les grandes Écoles du Gouvernement, la commission de l'Exposition universelle de 1867, réclamer le concours des ingénieurs de l'État; il savait à M. Haussmann un gré infini d'être entré si largement dans cette voie et d'avoir confié la transformation et l'assainissement de Paris à un groupe d'ingénieurs éminents pris dans notre corps.

Sans méconnaître ce que les idées de décentralisation avaient de bien fondé, M. de Franqueville estimait que ces idées ne comportaient pas la diminution des attributions des ingénieurs des ponts et chaussées; il combattit, de toutes ses forces, les mesures ayant pour objet de leur enlever le service des routes départementales, et il réussit à leur donner la surveillance du drainage, le service de la pêche dans les cours d'eau non navigables ni flottables; il engagea, à ce sujet, une lutte des plus vives contre l'administration des forêts; il combattit également avec une grande énergie les députés qui proposaient d'enlever aux travaux publics le service des phares et de le donner au département de la marine.

Mais, s'il se montrait si jaloux d'augmenter

l'importance des droits que les ingénieurs des ponts et chaussées pouvaient revendiquer dans l'exécution de tous les travaux publics du pays, le directeur général leur recommandait de mériter cette situation par des efforts constants. A la probité parfaite, à la dignité de la vie, à l'instruction scientifique et littéraire, littéraire surtout, il fallait joindre l'aménité, la facilité dans les relations. Jamais il ne manquait une occasion de recommander aux jeunes ingénieurs de ne point se montrer *roides* dans leurs rapports, soit avec le public, soit avec les autorités locales. Les ingénieurs ont, sans cesse, à prendre part à des conflits de l'intérêt public avec les intérêts privés ; ils doivent être animés du plus grand esprit d'équité, et la ferme défense des intérêts de l'État peut se concilier parfaitement avec la déférence due aux représentants des intérêts opposés.

M. de Franqueville savait, à un haut degré, allier l'aménité à la dignité professionnelle, Plusieurs fois consulté par l'Empereur sur des questions de travaux publics, sur des inventions, qui trouvaient souvent, aux Tuileries, un accueil trop facile, M. de Franqueville fut presque toujours en désaccord avec son haut interlocuteur. Sans parler des machines présentées par des inventeurs, qui ne comprenaient pas que leur réalisation supposait le mouvement perpétuel, le directeur général des ponts et chaussées et des chemins de fer eut à combattre les idées émises par l'Empereur sur les moyens de prévenir les inondations, sur la création d'un second chemin de fer de Cette à Marseille, sur les caisses d'assurances agricoles, sur le second chemin de fer de Lyon à Saint-Étienne.

Le nom de M. de Franqueville fut, à plusieurs reprises, indiqué pour le portefeuille des travaux publics et repoussé *parce qu'il était trop ingénieur.*

CHAPITRE QUATRIÈME

DIRECTION GÉNÉRALE DES PONTS ET CHAUSSÉES ET DES CHEMINS DE FER.

(1855-1876)

DEUXIÈME PARTIE : 1870-1876

Nomination à la vice-présidence du conseil général des ponts et chaussés. — Nous arrivons à la triste année 1870. Elle avait mal commencé, Si les désordres de la rue étaient apaisés, il régnait, dans les esprits, un trouble presque général. M. de Franqueville avait soixante ans ; il sentait le besoin, non pas de se retirer et de se reposer d'une manière absolue, mais de trouver une situation plus calme et moins militante. Deux circonstances favorables se présentaient à la fois, qui semblaient devoir rendre facile la réalisation de ce désir. M. de Franqueville pouvait, en quelque sorte, le même jour, remplacer M. l'inspecteur général Gayant à la vice-présidence du Conseil des ponts et chaussées, et être remplacé lui-même à la direction générale par un ingénieur qui avait la confiance de tous, — j'ai nommé Maniel.

Après avoir occupé pendant treize années, avec une incomparable autorité, le fauteuil de la vice-présidence du Conseil général, M. Gayant allait, au mois d'août, être atteint par l'inexorable limite d'âge. Personne ne pouvait, pour lui succéder, invoquer un passé comparable à celui de M. de Franqueville, qui devenait, d'ailleurs, ce jour-là, le doyen des inspecteurs généraux de première classe et, par conséquent, du corps tout entier.

D'un autre côté, en se préoccupant du choix de son successeur, M. de Franqueville obéissait à une pensée qui agite souvent les hommes vraiment dignes des grandes situations, la pensée d'assurer la continuation de son œuvre. Successivement ingénieur en chef des travaux de la compagnie du Nord français, directeur général de la grande société autrichienne des chemins de fer de l'État, Maniel était revenu en France, où il était secrétaire du Conseil des ponts et chaussées. Gendre de M. Legrand, il avait, comme celui-ci, comme M. de Franqueville, débuté par la mission d'élève au conseil; il avait toutes les traditions de famille et d'administration ; il savait écrire et parler; jamais situation n'avait été plus indiquée, et Maniel devait succéder à M. de Franqueville comme celui-ci avait succédé à M. Legrand.

La première partie de ce programme seule reçut un commencement d'exécution ; une décision ministérielle du 10 août 1870 nommait M. de Franqueville à la vice-présidence du conseil des ponts et chaussées, en remplacement de M. l'inspecteur général Gayant arrivé au terme de ses fonctions.

Malheureusement, au 10 août, il n'était plus question de se reposer; aucun des ministres qui se succédèrent, aussi bien M. Jérôme David que M. Dorian, ne voulurent entendre parler du départ du directeur général. Ils le supplièrent de rester à son poste, étant bien entendu qu'il conservait sa nomination à la présidence du Conseil général et qu'il prendrait cette nouvelle fonction lorsque des temps plus calmes seraient revenus. La mort si malheureuse de Maniel, survenue le 23 avril 1871 à Versailles, la gravité des devoirs imposés à M. de Franqueville, ne lui ont point permis de prendre le repos qui lui était si nécessaire, et le fauteuil de M. Gayant fut occupé par M. Collignon.

Guerre de 1870-1871. — Dès le jour de la déclaration de guerre, les anxiétés de M. de Franqueville furent terribles. Il savait combien l'Allemagne était prête à la lutte et combien nous l'étions peu. Il m'avait demandé, à cette époque, de le voir aussi souvent que possible ; presque tous les jours, je montais à son cabinet et je lui montrais les dépêches que nous recevions du personnel dévoué de nos gares de l'Est. Il suivait, avec la plus vive préoccupation, les transports qui s'exécutaient sur les voies ferrées, souvent dans les conditions les plus difficiles et les plus imprévues.

Lorsque les compagnies des chemins de fer de Lyon et de l'Est eurent effectué, par Dijon et Paris, par Langres et Saint-Dizier, le grand mouvement tournant qui ramenait à Reims les trois corps d'armée Mac-Mahon, Douai et de Failly ; lorsque, plus tard, la compagnie du Nord eut transporté à Paris le corps d'armée Vinoy, M. de Franqueville, revenant à ce qui était la pensée de toute sa vie, la constitution du réseau français, nous disait : « J'espère qu'on ne nous parlera plus du morcellement du réseau et de la formation de petites compagnies ; le second jour de la guerre elles ne sauraient plus où seraient leurs machines et leurs wagons. Il faut des sociétés puissantes pour accomplir de grands efforts; il faut, pour répondre aux nécessités de la guerre moderne, que les chemins de fer puissent, du jour au lendemain, fournir de véritables armées industrielles, et ces armées ne s'improviseraient pas avec des exploitations morcelées. »

Puisse le pays ne pas oublier ces sages conseils!

M. de Franqueville ne quittait, pour ainsi dire, plus son cabinet. Il fallait, après les batailles de Forbach et de Reichshoffen, songer à la défense des places et surtout de Paris. Tous les ingénieurs des ponts et chaussées rivalisaient de dévouement, et leur chef en ressentait une légitime fierté. Lorsque le désastre de Sedan fut connu, on dut prescrire la destruction des ouvrages d'art construits sur un grand nombre de routes et de chemins de fer. C'est, pour un ingénieur qui a passé sa vie à élever des constructions utiles aux travaux de la paix, une cruelle douleur d'avoir à les détruire. Nous avons connu cette angoisse; M. de Franqueville la sentait d'autant plus vivement qu'il se demandait si toutes les destructions qu'on réclamait étaient des sacrifices réellement nécessaires.

Journée du 4 septembre 1870. Mort de Mme de Franqueville mère. — La journée du 4 septembre 1870 fut terrible pour M. de Franqueville. Des fenêtres de son appartement, place du Palais-Bourbon, il voyait les abords du Corps législatif envahis, et il ne pouvait chasser de sa mémoire les souvenirs de la journée du 15 mai 1848. Sa respectable mère était alors à l'agonie, et il était auprès de son lit, lorsque l'on vint lui demander d'assurer à l'Impératrice un moyen de quitter Paris. L'Impératrice avait heureusement pu s'éloigner, quelques instants auparavant, et M. de Franqueville demeura auprès de sa mère, qui rendit le dernier soupir dans la nuit même. Nous avons dit la profonde affection que M. de Franqueville avait pour sa mère : en conduisant à Versailles sa dépouille mortelle, il obéit à un désir qu'elle lui avait souvent manifesté ; quelques jours plus tard cela n'eût plus été possible. « Elle est morte à temps, écrivait-il à son fils, pour ne pas voir et ne pas sentir toutes nos douleurs et toutes nos humiliations. »

Séjour à Tours et à Bordeaux. — Les mesures prises par le gouvernement de la Défense nationale exigeaient la représentation en province de chacun des grands services administratifs ; MM. de Boureuille et de Franqueville furent délégués à Tours et suivirent le Gouvernement à Bordeaux ; ils quittèrent Paris le 10 septembre, emmenant avec eux une vingtaine d'employés du ministère, chefs de division et agents de divers grades.

Envoyé moi-même en province pendant que mon prédécesseur, M. Sauvage, restait à Paris, je demeurai, de divers points de la France, en communication à peu près constante avec M. de Franqueville, et je le vis plusieurs fois, à Tours et à Bordeaux. Dans chacune de ces villes, il avait adopté une organisation en rapport avec la bonté de son caractère et son besoin d'expansion ; il ne se tenait pas dans une pièce isolée, il demeurait constamment avec ses collaborateurs, qu'il appelait ses amis.

A Bordeaux, il avait, au moins relativement, une grande installation. Son cabinet était installé dans la salle des séances du tribunal de commerce, la salle des faillites : « Cela convient à la situation », disait-il en souriant tristement. Mais à Tours, il n'avait pu trouver qu'une modeste salle d'étude au lycée ; il occupait la chaire du maître ; les chefs de division travaillaient autour de lui, sur quelques méchantes tables noires. Le Conseil général des ponts et chaussées était représenté par Maniel, qui n'avait pas voulu quitter son chef et son ami, et qui écrivait silencieusement à côté de lui.

Relations avec le gouvernement de la Défense nationale. — M. Crémieux avait pris, dans ses attributions, le département des travaux publics. Les relations que M. de Franqueville entretint avec lui furent excellentes ; tout le monde rendait justice aux efforts qu'il faisait pour assurer le service. La tâche était difficile ; il fallait, en quelque sorte, improviser l'administration centrale : MM. de Boureuille et de Franqueville y parvinrent. Dans les départements non envahis par l'ennemi, l'administration française a partout fonctionné avec une parfaite régularité. On peut adresser à notre administration des critiques de détail, on peut parler de ses lenteurs, de son formalisme ; mais il faut reconnaître sa puissance et son honnêteté et convenir qu'elle représente une des forces véritables de notre pays.

Le crédit de M. de Franqueville à Tours et à Bordeaux fut considérable ; ses sages conseils prévinrent la réalisation de mesures graves conseillées, sur divers points de la France, par des personnes étrangères à l'exploitation des chemins de fer.

Correspondance de M. de Franqueville avec sa famille. — Depuis le 6 août 1870 jusqu'au

3 juin 1871, M. de Franqueville a écrit, presque tous les jours, à son fils ou à sa belle-fille. Nous avons lu cette correspondance précieuse à tant de titres, et qui pourra fournir aux historiens de l'avenir plus d'un renseignement précis. Il serait impossible de l'analyser aujourd'hui : elle reflète les impressions d'un homme en contact journalier avec les puissants du jour, d'un homme à l'esprit clairvoyant, maître de lui, dont les yeux sont fixés sur un but unique : sauver le pays, s'il peut être sauvé.

Quelques lettres révèlent cependant un désespoir profond. Il voit la France châtiée et il invoque la miséricorde divine. Dans d'autres lettres, il reprend quelque espoir ; il constate les résultats obtenus « grâce à l'esprit calme et résolu de l'amiral Fourichon.... Si nous devons succomber définitivement, ce sera, ajoutait-il, après une résistance honorable et sous le coup de l'irrésistible puissance de nos ennemis. »

Les événements intérieurs de Paris causent à M. de Franqueville une horrible douleur : il compare la situation de la France à celle d'un vaisseau attaqué de tous côtés et dévoré par un incendie allumé par des hommes de l'équipage.

Relations avec M. Thiers. — M. de Franqueville n'avait jamais eu de relations directes avec

M. Thiers ; mais, à Tours et à Bordeaux, il le vit régulièrement chaque jour, et quelquefois le soir et le matin. Ses lettres témoignent, à différentes reprises, d'un vif sentiment d'admiration pour le patriotisme de cet homme d'État. Il était alors l'un des rares visiteurs du futur Président de la République. Celui-ci avait, du reste, pour le directeur général une haute estime; c'était, disait-il il y a peu de jours, « le type achevé du vrai serviteur du pays, fidèle et dévoué, faisant passer le devoir avant tout, toujours prêt à faire ce qu'on lui demandait; l'esprit, à toute heure, net et présent, quelles que fussent la gravité des circonstances, l'urgence et la multiplicité des affaires. »

Retour à Paris et départ pour Versailles. — M. de Franqueville quitta Bordeaux l'un des derniers. Il partit le 15 mars 1871. Tout le monde s'adressait à lui. « Le Ministre de la guerre demande, écrivait-il, le jour même de son départ, que l'on transporte à la fois les prisonniers de guerre, l'armée allemande, les internés de Suisse, les mobiles et les mobilisés. Les chemins de fer succombent à la tâche.... j'abuse des dépêches télégraphiques. »

Nous ne succombions pas à la tâche, mais nous avons passé de cruelles semaines. Si l'on ajoute aux transports dont le Ministre de la guerre donnait l'énumération, le ravitaillement de Paris et la reconstruction de plus de cent cinquante ouvrages d'art détruits par les Allemands ou les Français, on reconnaîtra que jamais on ne s'était trouvé en face de pareilles difficultés.

Rentré à Paris, le 16 mars, M. de Franqueville était appelé le 19 à Versailles, où il prenait possession de son cabinet de la Cour de Marbre.

Les deux mois qui suivirent furent peut-être les plus laborieux de sa vie. Il partait, le matin, dès six heures, pour aller d'une gare à l'autre, afin de prescrire les mesures nécessaires et d'en surveiller l'exécution. « Il y a des moments, écrivait-il, et celui-ci en est un, où l'on ne peut s'en rapporter qu'à soi. Comme il n'y a plus de voitures à Versailles, il faut faire toutes ses courses à pied, au prix de beaucoup de fatigue.» A sept heures et demie, il se rendait à la Présidence et assistait au conseil de guerre qui se tenait, chaque matin, chez M. Thiers. De là, il rentrait à son cabinet, où il demeurait en permanence, occupé, avant tout, de ce qui était la grande question du moment : l'approvisionnement et les mouvements des troupes. « Le soir, ajoutait-il, je reçois les agents de la compagnie de l'Ouest, qui viennent me faire des rapports sur les principaux incidents de la journée ;

cela dure jusqu'à minuit, heure où je me couche pour recommencer le lendemain. Je ne parle pas des incidents, des dépêches, des conférences : tout cela ne serait rien, si je n'avais toujours, au fond du cœur, l'inquiétude pour le présent et pour l'avenir. »

On verra, par la lettre de M. Thiers que nous publions plus loin, quel cas le Président faisait des services que rendit alors le directeur général.

Mort de Monseigneur Darboy. — Nous n'aurions pas parlé des horribles événements qui ensanglantèrent Paris à cette époque et qui, aux malheurs de la guerre étrangère, ajoutèrent les hontes et les malheurs de la guerre civile, si nous n'avions pas eu à dire la profonde douleur que ressentit M. de Franqueville, en apprenant la captivité et la mort de l'archevêque de Paris. Quelques années auparavant, Monseigneur Darboy avait, à l'église de Notre-Dame des Victoires, béni l'union de M. Charles de Franqueville et de Mlle Schaeffer. Il était difficile de voir l'archevêque sans être attiré vers lui. Homme de devoir, serviteur dévoué du pays, M. de Franqueville n'avait point tardé à éprouver une vive sympathie pour le prêtre vénérable qui, par ses lettres, ses instructions pastorales, ses allocutions ardentes, exaltait, en toute occasion, le devoir, le travail, le dévouement à la patrie.

Conseil supérieur de la guerre. — Avant de reprendre l'historique des questions de travaux publics traitées par M. de Franqueville, mentionnons sa nomination au conseil supérieur de la guerre. Présidé par M. Thiers, composé du Ministre de la guerre, des maréchaux de Mac-Mahon et Canrobert, du duc d'Aumale et des représentants les plus élevés de l'armée et de la marine, ce conseil était chargé de préparer les lois, décrets et règlements relatifs à la réorganisation de l'armée. L'honneur de siéger dans une semblable réunion était considérable. En le conférant à M. de Franqueville, le Président de la République entendait, à la fois, récompenser le directeur général de ses services antérieurs et montrer l'importance que les chemins de fer avaient acquise dans l'étude des affaires militaires.

Attaques contre l'administration de M. de Franqueville. — La grande situation acquise par M. de Franqueville, il faut le dire, fatiguait un certain nombre de personnes. «Je suis las de toujours entendre appeler cet homme *le Juste*», s'écriait, il y a deux mille quatre cents ans, un électeur d'Athènes. On n'avait aucun reproche à adresser au directeur général, si ce n'est qu'il y avait bien longtemps qu'il était à son poste, et que, gardien vigilant de la fortune du pays, il imprimait aux travaux publics une impulsion aussi puissante que prudente.

M. de Franqueville n'ignorait pas cette situation. Dès le 16 février 1870, il écrivait les lignes suivantes :

« Nous voici aux prises avec des intérêts puissants, ardents, auxquels rien ne coûtera pour faire brèche aux positions acquises et tout remettre en question.... Je vois bien que je gêne singulièrement.... Enfin, à la garde de Dieu. Fais ce que dois, advienne que pourra ! »

A Tours et à Bordeaux, les attaques se produisirent ouvertement. Quelques journaux, à diverses reprises, demandèrent la suppression de la direction générale des ponts et chaussées et des chemins de fer, et la réunion de ce grand service à celui des postes et des télégraphes. Le club du Grand-Théâtre de Bordeaux entendit les discours ordinaires sur le monopole, la féodalité financière, etc., etc. A plusieurs reprises, M. Crémieux dit à M. de Franqueville que personne, dans le Gouvernement, n'entendait porter atteinte à une situation acquise au prix de tant de services. « Les malheurs publics laissent bien peu de place aux préoccupations personnelles», écrivait le 24 décembre 1870 le directeur général, et les fonctions publiques n'avaient à ce moment rien d'enviable.

Les terribles préoccupations de l'année 1871 reléguèrent, pendant un certain temps, au second rang les questions relatives aux travaux publics ; on ne tarda pas à les agiter de nouveau et trop souvent sous une forme violente et personnelle.

Pendant cinq ans, dans des brochures et dans des journaux, on a dit, on a répété que tant que l'administration des travaux publics resterait inféodée à un homme, et à un homme appartenant aux ponts et chaussées, la France ne reprendrait pas le rang qui lui appartient ; que c'était la faute de M. de Franqueville, si nous étions au-dessous de telle ou telle nation ; que le rapport du nombre de kilomètres de chemins de fer à la surface d'un pays était le seul élément à vérifier, et qu'il était déplorable que, dans la Lozère, le Cantal et la Corrèze, on n'eût pas autant de chemins de fer que dans les Flandres ou la province de Liége.

La révolution de 1848, les cruels événements de 1870 et de 1871 n'étaient pour rien, disait-on, dans le ralentissement que les travaux publics avaient pu éprouver en France ; l'administration seule était coupable. On oubliait volontairement, on oublie peut-être encore aujourd'hui que, pendant ces vingt et une dernières années, et sous l'administration de cet homme à *idées étroites*, le nombre des kilomètres concédés s'est élevé de 11.633 à 26,339, et celui des kilomètres exploités de 5.533 à 20.344 [1], sans compter 4.381 kilomètres de lignes d'intérêt local.

On oublie que la crise extraordinaire qui frappait l'épargne publique engagée par milliards dans l'industrie des chemins de fer a été conjurée par les combinaisons financières de 1858 et de 1859.

On oublie enfin que l'association de l'État et des grandes compagnies a permis la construction

1. Lorsque M. de Franqueville a pris le service des chemins de fer en 1855, la longueur totale des lignes concédées au 31 décembre était de............................ 11.633 kilom.
Cette longueur, au 31 décembre 1875, s'élevait à 26.339 —

Augmentation............... 14.706 kilom.

A quoi il convient d'ajouter:

Concessions éventuelles à régulariser...........	347 kilom.
Chemins de fer décrétés mais non encore concédés	1.486 —
Chemins de fer étudiés (2e partie de la loi du 31 décembre 1875)................................	1.060 —
Chemins de fer d'intérêt local concédés en vertu de la loi du 12 juillet 1865..................	4.381 —
Lignes d'Alsace-Lorraine cédées à l'Allemagne...	835 —
On arrive à un total de...............	22.815 kilom.

qui, en vingt et un ans, représentent la part prise par M. de Franqueville au développement du réseau français, soit plus de 1000 kilomètres par an, dans une période qui comprend 1870 et 1871.

d'un nombre, trop considérable peut-être, de lignes absolument improductives.

Pour les détracteurs de M. de Franqueville, tout cela n'est rien, ou même tout cela est mauvais, car on a constitué un monopole insupportable ; à les entendre, c'est seulement de la loi du 12 juillet 1865 sur les chemins de fer d'intérêt local, de cette loi largement appliquée, qu'il faut désormais tirer la charte industrielle du pays.

Pendant deux années, une véritable fièvre de chemins de fer s'est emparée de la France, et les conseils généraux ont été saisis d'innombrables demandes de concessions. Des lignes, faisant double ou triple emploi avec des chemins déjà construits et en possession d'un trafic très-faible, étaient réclamées, sans garantie d'intérêt ni subvention.

Les promoteurs de la loi du 12 juillet 1865, pour définir le caractère des chemins de fer d'intérêt local, avaient eu recours à une ingénieuse comparaison : les lignes anciennes — Paris-Marseille, Paris-Bordeaux — constituaient le tronc d'un arbre vigoureux ; les lignes secondaires déjà existantes représentaient les grosses branches ; les lignes d'intérêt local seraient les ramifications nombreuses allant chercher partout l'air et la lumière, au grand bénéfice des branches et du tronc.

Tout cela était bien suranné : au lieu de constituer des lignes d'embranchement reliant à une ligne ancienne une petite ville, un chef-lieu de canton, un centre industriel non encore desservi, les lignes nouvelles étaient tracées de manière à former des raccourcis sur les lignes anciennes, quelquefois sans rien rencontrer sur leur parcours. Souvent, on allait de la frontière sud d'un département à la frontière nord, sans autre souci que celui de se souder à des concessions réclamées des départements voisins en deçà et au delà. C'est ainsi que l'on considérait comme chemin d'intérêt local une ligne de Bourges à la frontière belge.

Tandis que la France, au prix de sacrifices énormes, reconstituait ses places fortes, les chemins d'intérêt local contournaient Paris et d'autres places, sans se préoccuper en rien des intérêts de la défense.

On a essayé d'additionner les longueurs kilométriques de tous les chemins réclamés à titre d'intérêt local : le 31 juillet 1873, la longueur totale s'élevait à 16.666 kilomètres; chaque jour voyait éclore de nouvelles demandes.

Parmi tous ces projets, il y avait des affaires sérieuses, étudiées, suivies par des hommes honorables, nous sommes loin de le méconnaître; mais, à côté de projets véritables, combien de dossiers ne contenant que des lignes bleues ou rouges tracées sur les cartes de l'état-major! combien de profils en long, de pure fantaisie, négligeant les tunnels et les viaducs! Un de ces profils demeurera célèbre : on avait oublié de tenir compte d'une montagne de cent dix mètres de hauteur séparant deux bassins.

Quant aux ressources financières, rien de plus simple : le capital-actions était toujours souscrit à l'avance; on ne demandait qu'une chose aux pouvoirs publics, l'autorisation d'émettre des obligations. Les cautionnements se composaient de valeurs à peu près inconnues. Le procès qui vient de se juger à Moscou a montré que le roi des chemins de fer, le docteur Stroussberg, avait, dans une de ses entreprises, offert en cautionnement les actions d'un chemin de fer français qui n'a jamais existé. Espérons que des procédés semblables ne s'acclimateront pas chez nous, et que l'on n'offrira pas à nos départements un cautionnement en actions de chemins de fer du Japon ou de l'Indo-Chine.

Habitué aux formes précises du service des ponts et chaussées, formes acceptées et scrupuleusement suivies par les ingénieurs des grandes compagnies, accoutumé aux budgets réguliers, aux rapports des commissions de vérification de finances, M. de Franqueville éprouvait une véritable souffrance à la vue de projets si extraordinaires, de combinaisons si singulières ; mais il ne désespérait pas du retour à des idées plus saines.

Éclairée par les ministres qui, de 1871 à 1876, ont tenu le portefeuille des travaux publics, l'Assemblée nationale a fait justice des doctrines nouvelles, si dangereuses pour le crédit public, qui étaient formulées de tant de côtés. Les lois de 1873, 1874 et 1875 ont doté le pays de près de quatre mille kilomètres de concessions nouvelles et préparé l'exécution de 2.400 autres kilomètres. C'est une lourde tâche à accomplir et qui exigera de grands efforts de la part de l'État et des compagnies.

On a critiqué les dernières lois votées par l'Assemblée nationale : on a dit que les vrais principes avaient été méconnus, que les discussions avaient été étouffées, que les votes avaient été enlevés. D'abord, nous ne savons pas trop ce que l'on entend par les *vrais principes* ; peut-être consistent-ils à concéder une ligne qui ne vivra que du trafic enlevé à une ligne ancienne ; mais, quant aux discussions étouffées et aux votes enlevés, que l'on nous permette un souvenir personnel.

Loi relative au chemin de fer de l'Est, 1873. — La loi destinée à régler la situation faite à la compagnie de l'Est par la guerre, qui lui enlevait ses lignes d'Alsace-Lorraine, ainsi que son réseau belge et luxembourgeois, a donné lieu à une discussion qui a occupé *neuf séances* de l'Assemblée nationale. Non-seulement les questions spéciales à la compagnie de l'Est ont été l'objet d'un examen approfondi, mais le régime général des chemins de fer, la division de la France en circonscriptions desservies par un seul réseau, le mode de tarification, la garantie d'intérêt, tout a été repris, passé en revue et longuement critiqué et défendu. Est-ce là une discussion étouffée, et tous les principes n'ont-ils pas eu le temps d'être développés?

Pendant ces longues séances, nous avions l'honneur d'être placé auprès de M. de Franqueville, et nous étions frappé de son attitude souvent douloureuse. Quelques orateurs, oubliant que la loi fermait la bouche au directeur général, se laissaient entraîner à attaquer un homme qui ne pouvait se défendre [1]. Un mot, prêt à sortir des lèvres de M. de Franqueville, eût réduit à néant une argumentation qui avait un point de départ erroné; mais ce mot, M. de Franqueville ne pouvait pas le dire; il se contenait,

1. La loi du 16 juillet 1875 a rétabli les choses anciennes, et, comme commissaire du Gouvernement, le directeur général pouvait prendre la parole devant les Chambres.

et d'une main fiévreuse il écrivait au crayon une note qu'un huissier faisait passer au ministre, l'honorable M. Deseilligny, qui, nommé depuis deux jours, ne pouvait connaître les détails d'une négociation poursuivie pendant deux ans.

Le soir de l'une des séances dont nous venons de parler, M. de Franqueville écrivait :

« ....Vous avez pu me trouver un peu préoccupé, et cela, je n'en disconviens pas. Depuis le commencement de cette semaine, j'assiste, à l'Assemblée nationale, à une discussion à laquelle je ne puis prendre part personnellement, et où je suis, à chaque instant, mis en cause avec une malveillance plus ou moins agaçante, pour ne pas dire plus. Il me prend alors de furieuses envies de tout laisser là, et je le ferais certainement, si ce n'était pas donner gain de cause à ceux que ma présence gêne dans leurs combinaisons plus ou moins avouables. »

Travaux excessifs et fatigue de M. de Franqueville. — Nous venons de parler de la loi qui concernait le chemin de fer de l'Est, et qui fut votée en 1873. Le directeur général eut à suivre un nombre considérable d'autres affaires aussi importantes. Pendant les cinq dernières années de sa vie, il se livra à un travail véritablement excessif, et on peut dire qu'il est mort à la peine. Chaque année, il allait à Évian ou à Aix, prendre des bains et des douches qu'il jugeait nécessaires à sa santé, mais surtout chercher quelques jours de repos. Sa correspondance prouve qu'il y réussissait bien mal. Il écrivait d'Évian, le 7 septembre 1874: « Pour moi, je suis poursuivi par les affaires jusque dans ma baignoire.... Aujourd'hui, après avoir mis à la poste mon exposé des motifs et mon dossier, voilà qu'il m'arrive du ministère une lettre de quinze pages sur une affaire qui émotionne la ville de Lyon. »

Les lettres écrites par M. de Franqueville, pendant ces cinq dernières années, sont aussi intéressantes que celles qu'il a écrites pendant la guerre , et dont nous avons parlé. Il assiste, en spectateur attristé, aux luttes intérieures des partis à l'Assemblée. « On oublie le pays, dit-il, on crie *Vive Armagnac!* et *Vive Bourgogne!* on ne crie pas *Vive la France!* » Il juge sévèrement les exigences des groupes, des Comités, et songe bien plus à l'Alsace et à la Lorraine perdues qu'aux finesses que comporte la rédaction d'un ordre du jour. Les succès qu'obtiennent, à la tribune, les ingénieurs des ponts et chaussées, membres de l'Assemblée nationale, l'enchantent, et quand MM. Caillaux, Krantz, Cézanne, Montgolfier, ont été écoutés avec attention, il s'en réjouit bien plus que s'il eût pris lui-même la parole.

Il semble que M. de Franqueville ait eu le pressentiment d'une mort prochaine. En 1874, il perdit sa sœur, la baronne Dubreton, qui mourait subitement à Châtellerault, où elle était allée passer quelques jours. « Pauvre sœur ! disait-il. Mais au fait, pourquoi la plaindre ? Elle est plus heureuse que nous ; elle est morte sans secousse, sans douleur, entourée de tous les siens, après avoir reçu en pleine connaissance les sacrements de l'Église. C'est la fin que j'ai toujours rêvée. En tout cas, quand Dieu voudra, je suis prêt. »

De retour à Versailles, il fit, de concert avec le général Dubreton, son beau-frère, élever un tombeau de famille pour tous les siens et pour le vieux général Dubreton. Il s'y réserva une place, près de sa mère et de sa sœur.

Concessions faites en 1875. — L'année 1875 fut excessivement laborieuse. Des conventions passées avec les compagnies de Lyon, du Midi, du Nord, de l'Est et de l'Ouest, ajoutèrent au réseau national 2.397 kilomètres de lignes nouvelles ; l'utilité publique fut déclarée, en outre, pour 1.344 autres kilomètres.

Nous ferons, aux notes retrouvées par M. Charles de Franqueville, dans les papiers de son père, un dernier emprunt. Nous en analyserons deux, qui ont été écrites en 1876 : la première sur les tarifs de chemins de fer, la seconde sur le budget de 1877.

Abaissement continu dans le prix de transport des marchandises. — Dans le discours prononcé en 1865 devant le Corps législatif, M. de Franqueville avait établi que le public français demandait, avant toutes choses, des réductions dans les prix de transport. La note ci-après, écrite le 24 juin 1876, prouve à la fois la constance de ses préoccupations à ce sujet et l'importance du résultat obtenu :

« Le prix moyen de transport par chemin de fer s'élevait, en 1853, par tonne et par kilomètre, à . . . . $8^c,20$

« Le prix moyen, en 1874, est de. $5^c,97$

« Différence en moins. . $2^c,23$

« Le nombre des tonnes transportées à toute distance a été, en 1874, de 56.680.000 tonnes, qui donnent en tonnes kilométriques, 7.926 millions.

« La différence de $2^c,23$ représente une économie annuelle de 176.749.800 francs, comparativement au prix que le même tonnage eût payé si on eût appliqué les tarifs de 1853. »

Si l'on veut bien se rappeler que les tarifs légaux inscrits dans les premiers cahiers des charges étaient de 16, 14 et 10 centimes, que la quatrième classe introduite en 1863 comporte encore des prix de 8, 5 et 4 centimes, on reconnaîtra que spontanément les grandes compagnies ont su réduire leurs tarifs, et que l'économie réalisée par le public sur les prix d'il y a vingt-cinq ans ne tardera pas à dépasser deux cents millions de francs par an.

Budget de 1877. Testament administratif de M. de Franqueville. — En vue de la discussion qui s'élèverait, soit dans les Commissions des Assemblées, soit en séance publique, le directeur général avait, à la date du 22 juillet 1876, résumé ses idées, non-seulement sur le budget de 1877 et sur les travaux engagés, mais sur ce qui lui semblait devoir être entrepris aussi prochainement que le permettraient les ressources financières.

Les dépenses à faire, à partir de 1877, pour les travaux engagés en dehors des chemins de fer s'élèvent à deux cent soixante-quinze millions de francs.

On en connaît suffisamment le détail.

Les dépenses à faire pour des travaux non encore décrétés s'élèveront à cinq cents millions de francs.

Ces travaux comprennent :

a) Pour les routes et les ponts :

L'achèvement des lacunes ;

Les rectifications des pentes admises autrefois, mais qui sont aujourd'hui considérées comme de véritables obstacles ;

Le rachat de trente et un ponts à péage, qui subsistent encore sur les routes nationales ;

Le remplacement des ponts suspendus par des ponts en maçonnerie ou en métal.

b) Pour les rivières navigables et les canaux :

L'amélioration du Rhône ;

L'amélioration du canal de Bourgogne, de l'Yonne, de la Haute-Seine ;

L'amélioration de la Basse-Seine ;

La réfection des digues de la Loire ;

La construction de déversoirs, pour faire écouler, dans les vals, les eaux d'inondation, entre Briare et Nantes ;

Divers travaux sur la Loire maritime, la Saône, la Garonne et l'Adour ;

L'amélioration des canaux du Nord, du Centre, de Briare, du Loing, d'Orléans, du Rhône au Rhin, de l'Aisne à la Marne, et des canaux latéraux à la Loire, à l'Aisne, à la Marne;

La construction de nouveaux canaux, notamment de la Haute-Marne à la Saône, de l'Aisne à l'Oise;

Le rachat des canaux concédés, notamment de la Scarpe, de Lez et de Beaucaire.

c) Pour les ports maritimes :

La mise en état d'ouvrages anciens compromis par l'insuffisance des sommes consacrées à leur entretien;

La construction de bassins en eau profonde à Boulogne, à Saint-Malo, à la Rochelle;

L'agrandissement du port de Cette, en première urgence;

L'agrandissement des ports de Dieppe, Cherbourg, Paimbœuf, Arcachon, la Pointe de Grave;

L'achèvement de l'éclairage et du balisage des côtes.

d) Pour le service hydraulique :

Le grand canal de dérivation du Rhône;

Les canaux d'irrigation dans les Hautes et les Basses-Alpes, les Hautes et les Basses-Pyrénées, les Alpes-Maritimes, l'Aude et les Bouches-du-Rhône.

Cinq cents millions de nouveaux travaux publics à engager dès que les travaux entrepris, — et il y en a pour près de trois cents millions, — seront achevés : voilà l'avenir que le directeur général envisageait résolûment. Il ne s'agissait pas d'appréciations générales, que sa haute expérience lui aurait permises, à lui plus qu'à toute autre personne ; les chiffres indiqués par M. de Franqueville reposent sur des études faites, depuis longtemps, sous son administration. De nombreux projets sont dressés sur tous les points du territoire, et le programme dont nous venons d'indiquer les bases montre la vigilance avec laquelle les besoins du pays étaient étudiés. Ce programme est, hélas ! le testament administratif du dernier directeur général des ponts et chaussées et des chemins de fer : *Ultima verba !*

Suppression de la fonction de directeur général des ponts et chaussées et des chemins de fer. — Nous abordons ici un sujet fort délicat, mais qui se lie si intimement au récit de la vie de M. de Franqueville qu'il ne nous a pas paru possible de le passer sous silence.

Après avoir rendu hommage à la haute capacité dont le directeur général avait donné tant de preuves, la Commission de la Chambre des députés, chargée d'examiner le projet de budget des travaux publics pour l'exercice 1877, s'exprimait de la manière suivante :

« Votre Commission, Messieurs, sortirait de son rôle, si elle vous proposait un règlement des attributions du personnel; mais elle signale à M. le Ministre des travaux publics les nécessités auxquelles il lui paraît urgent de pourvoir, en lui demandant de séparer les deux services des chemins de fer et de la navigation. »

En émettant ce vœu, la Commission du budget aurait peut-être dû ajouter quelques lignes pour repousser les accusations trop souvent lancées contre M. de Franqueville. On n'avait pas, en effet, craint de dire que, chez le dernier directeur général des ponts et chaussées et des chemins de fer, la balance n'avait pas été toujours tenue d'une manière impartiale entre les chemins de fer et les voies navigables.

M. le Ministre des travaux publics a fait justice, à Versailles et sur la tombe même de M. de Franqueville, de cette triste insinuation. La longue énumération des entreprises de navigation dont le directeur général a, par tous les moyens en son pouvoir, poursuivi la création ou l'amélioration, montrera-t-elle enfin que jamais reproche ne fut moins fondé?

La mort inopinée de M. de Franqueville a amené, pour ainsi dire sans discussion, la réalisation des désirs de la Commission du budget. La direction générale des ponts et chaussées a été supprimée, et l'administration centrale du ministère des travaux publics a été organisée sur des bases nouvelles, qui diffèrent peu de celles qui avaient été adoptées en 1853.

Nous demandons ici la permission d'exprimer une opinion personnelle. Depuis bientôt quarante années, on a plusieurs fois modifié l'administration des travaux publics; ne conviendrait-il pas de revenir purement et simplement à ce qui existait avant ces divers essais, à la direction générale des ponts et chaussées, telle qu'elle existait sous M. Legrand? C'était une organisation plus que séculaire et qui avait fonctionné sous des régimes politiques bien différents.

Sans remonter à Sully, grand voyer de France, nous voyons, pendant la seconde moitié du dix-huitième siècle, le service des ponts et chaussées dirigé, de 1742 à 1792, par quatre intendants généraux seulement, et l'un d'eux, le plus illustre, Charles-Daniel Trudaine, reste en fonctions vingt-quatre ans de suite.

Après la Révolution, de 1800 à 1847, sauf de

très-courts intervalles, il n'y a eu que six directeurs généraux :

M. Crétet, de 1800 à 1806;

M. le comte de Montalivet, de 1806 à 1809;

M. le comte Molé, de 1809 à 1817;

M. Becquey, de 1817 à 1830;

M. Bérard, de 1830 à 1832;

M. Legrand, de 1832 à 1847.

Après une lacune à laquelle la révolution de 1848 n'a pas été étrangère, cette grande tradition avait été renouée, imparfaitement il est vrai, par la nomination de M. de Franqueville, et celui-ci n'avait été inférieur à aucun de ses prédécesseurs.

Un antagonisme serait-il à redouter entre le Ministre des travaux publics et le directeur général? Nous ne le pensons pas; et ici l'expérience répond : Trudaine, en vingt-quatre ans, a été sous les ordres de sept contrôleurs généraux; M. Legrand, soit comme directeur général, soit comme sous-secrétaire d'État, a été le collaborateur de onze ministres; M. de Franqueville, depuis le jour où il est entré au ministère, en 1838, jusqu'à sa mort, a vu, en trente-huit ans, trente-cinq ministres. Peut-être, en entrant dans son cabinet, un ministre nouveau a-t-il eu, un instant, la pensée d'éloigner un fonctionnaire dont la présence pouvait lui porter quelque ombrage; mais, au bout de bien peu de jours, il était sous le charme, et l'on peut appliquer à M. de Franqueville ce que l'on a dit de M. Legrand : « La parfaite loyauté de Legrand, la douceur et la dignité de son caractère, sa modération d'esprit égale à son amour du bien et à ses lumières, triomphaient de tous les obstacles; plus le ministre était éclairé, plus Legrand avait de crédit. »

Malgré les atténuations de langage de la commission du budget des travaux publics, M. de Franqueville fut profondément attristé[1]. Nous le vîmes souvent, à cette dernière période de sa vie, et chaque fois il nous exprima sa ferme résolution de quitter le service, si sa situation était amoindrie. A ce moment, il était écrasé de fatigue; il rédigeait des exposés de motifs pour des travaux considérables à exécuter sur les voies navigables, pour le rachat, par la compagnie d'Orléans, des réseaux des Charentes et de la Vendée, ainsi que pour l'exécution d'un réseau complémentaire dans le Centre et l'Ouest de la France.

1. Il écrivait le 31 juillet 1876 : « Je ne suis pas dans un état brillant, moralement surtout. Le rapporteur de la commission du budget maintient, en termes qui n'ont rien de désobligeant, du reste, la proposition.... Je me sens fatigué de corps et de tête, et j'ai bien envie de me reposer. Je suis dans un état d'incertitude qui m'ennuie considérablement. »

Lorsque tout ce travail fut accompli, M. de Franqueville se décida à se reposer, et il quitta Paris le 15 août 1876, nous n'osons pas dire inquiet de l'avenir, — un homme de sa valeur, chrétien convaincu, avait la sérénité que donne la pensée du devoir, en tout temps, accompli. — A plusieurs reprises, d'ailleurs, M. le Ministre des travaux publics lui avait dit en quelle profonde estime il tenait ses services, et affirmé qu'il n'existait aucun projet de réorganisation dans lequel une haute situation ne lui fût réservée. Malgré cette assurance, M. de Franqueville était troublé ; il ne pouvait pas ne pas se demander quelles seraient les combinaisons nouvelles qui l'accueilleraient à son retour, et, après quarante-neuf années de services exceptionnels et glorieux, il n'était pas sûr du lendemain.

CHAPITRE CINQUIEME

DERNIERS JOURS DE M. DE FRANQUEVILLE. — HOMMAGES RENDUS A SA MÉMOIRE. — GRANDEUR DE L'ŒUVRE ACCOMPLIE.

Séjour à Aix-les-Bains. — Pour ces dernières pages, nous ne pouvons que reproduire une partie des récits qui ont été déjà publiés soit en Savoie, soit à Paris; ils portent tous l'empreinte d'une vive sympathie pour le grand ingénieur enlevé au pays.

M. de Franqueville était arrivé à Aix le 16 août. Il aimait beaucoup la Savoie, et, depuis plusieurs années, il se rendait tantôt à Aix, tantôt à Évian. Cette fois, il comptait aller dans ces deux stations. « Quelques jours de repos avaient suffi pour le remettre en apparence, et chacun admirait sa gaieté et son entrain. »

La Notice, à laquelle nous empruntons les

lignes qui précèdent, raconte ainsi qu'il suit les derniers jours de M. de Franqueville :

« Le 24 août, il voulut bien, sur la demande du sous-préfet de l'arrondissement et des ingénieurs, se rendre à Belley, pour visiter les environs de la ville et examiner le tracé proposé pour l'établissement de la nouvelle voie ferrée qui doit desservir cette contrée. L'excursion fut longue et fatigante, le temps était froid et humide ; M. de Franqueville rentra, le soir, à Aix, légèrement indisposé. Il lui fut cependant possible de sortir le lendemain, et même de passer au Casino une partie de la soirée ; mais, dans la matinée du surlendemain samedi, il se sentit très-souffrant, en sortant de l'établissement thermal.

« M. le professeur Bouillaud, membre de l'Institut et professeur à la Faculté de médecine de Paris ; M. le docteur Vidal, médecin-inspecteur de l'établissement thermal, ainsi que deux chirurgiens mandés, l'un de Lyon, l'autre de Chambéry, lui prodiguèrent leurs soins, sans pouvoir arrêter le cours de la maladie.

« Le lundi soir, son fils, mandé par un télégramme, arrivait près de lui ; un moment, on espéra que la péritonite allait céder, mais la nuit fut mauvaise, et les symptômes fâcheux étaient fort aggravés le mardi matin.

« C'est alors que Mgr Mermillod, évêque d'Hébron, auxiliaire de Genève, fut appelé auprès du malade, qui avait conservé toute sa connaissance et ne soupçonnait même pas la gravité de son état. »

M. de Franqueville avait reçu une éducation chrétienne, et si, pendant sa jeunesse, il s'était éloigné de la pratique des sacrements, il n'avait pas perdu la foi. A mesure qu'il avançait en âge, il se rapprochait davantage de l'Église. En 1867, il avait, après avoir suivi la grande retraite de Notre-Dame, fait le dernier pas dans la voie d'un complet retour à Dieu, et les dures épreuves qu'il avait traversées n'avaient fait que l'affermir dans sa foi. Il accueillit cordialement Mgr Mermillod, et quelques moments plus tard, vers onze heures, M. l'archiprêtre d'Aix lui apportait la sainte Communion.

« Cependant, ajoute la Notice, le mal marchait avec une effrayante rapidité. L'extrême-onction fut administrée au malade, qui put encore répondre, en latin, aux prières de l'Église ; mais, la cérémonie à peine achevée, M. de Franqueville parut s'assoupir, et quelques minutes après, à midi, il avait rendu son âme à Dieu.

« En présence des nombreuses marques de sympathie qu'il reçut alors de toutes parts, M. Charles de Franqueville voulut faire célébrer, à Aix même, un service funèbre, avant de partir avec les restes mortels de son père. »

Cérémonie funèbre à Aix. — Cette cérémonie fut célébrée le 31 août, au milieu d'un imposant concours des habitants d'Aix et des principaux fonctionnaires de la Savoie et des départements voisins. Après l'absoute donnée par Mgr Mermillod, le corps fut transporté à la gare du chemin de fer et déposé dans un wagon-salon envoyé par la compagnie de Lyon. A ce moment, plusieurs discours furent prononcés : par M. le comte du Moulin, ingénieur en chef du département, par M. le marquis de Valavieille, préfet de la Savoie; enfin, par M. Daubrée, inspecteur général, directeur de l'École des mines.

M. le comte du Moulin fit ressortir, avec émotion, que c'est en allant, par un temps affreux, voir un tracé de chemin de fer que M. de Franqueville avait pris le germe de la maladie qui l'avait enlevé, pour ainsi dire, d'une manière foudroyante.

M. le marquis de Valavieille prit la parole à son tour dans les termes suivants :

« Messieurs,

« Avant de nous séparer de l'homme éminent dont nous pleurons la perte, qu'il me soit permis de donner lecture de la dépêche que M. le Ministre des travaux publics a adressée au fils du défunt, au moment où il a appris la fatale nouvelle :

« *Le Ministre des travaux publics*
« *à M. Charles de Franqueville.*

« J'apprends avec douleur la mort de votre « père. J'avais, pendant le trop court temps où « nous avons travaillé ensemble, apprécié ses « éminentes qualités, sa haute intelligence, sa « patience au milieu des difficultés, son amour « infatigable du travail, et, au-dessus de toutes « choses, la bonté et la douce sérénité de ce « grand esprit.

« Je perds en lui un collaborateur hors de pair, « et, j'aime à le penser, un ami. Nul ne sent plus « vivement que moi l'immensité de cette perte « cruelle et inattendue.

« Albert CHRISTOPHLE. »

« J'ajouterai que la Savoie s'associe aux regrets du Gouvernement, car elle ne saurait oublier les grands services rendus à ce pays par l'éminent directeur général des ponts et chaussées. En apprenant ce triste événement, le Conseil général de la Savoie, se faisant l'interprète des populations, a voulu, par un vote unanime, inscrire dans ses délibérations l'hommage de sa reconnaissance et de sa sympathie pour M. de Franqueville. »

La nouvelle de la mort de M. de Franqueville causa, à Paris, la plus douloureuse surprise; ses amis connaissaient l'état de malaise dans lequel il était parti, mais tous espéraient que le repos suffirait, comme il avait suffi, les années précédentes, pour lui rendre ses forces et son activité. On fut cruellement détrompé.

Obsèques à Versailles. — Les obsèques se firent à Versailles le 5 septembre, à l'église cathédrale de Saint-Louis. Une foule très-nombreuse s'était rendue à cette triste et imposante cérémonie.

Le Conseil d'État, les Conseils généraux des ponts et chaussées et des mines, la Commission centrale des chemins de fer, le Ministère des travaux publics, avaient envoyé des députations. Toutes les compagnies de chemins de fer étaient représentées, et, bien qu'à l'époque des vacances beaucoup de personnes fussent éloignées de Paris, l'église Saint-Louis était à peine suffisante pour contenir la foule des assistants.

Son Éminence Mgr le cardinal de Bonnechose, archevêque de Rouen, assisté des vicaires généraux de Versailles, donna l'absoute. Le cortége se rendit ensuite au cimetière Saint-Louis, où cinq discours furent prononcés : par MM. Albert Christophle, ministre des travaux publics, au nom du Gouvernement; Léon Aucoc, au nom du Conseil d'État; de Boureuille, au nom de l'administration centrale des travaux publics; Kleitz et Lalanne, au nom du corps des ponts et chaussées[1]. Puis, pendant les dernières prières de l'Église et le défilé des troupes, le corps fut inhumé dans un caveau de famille.

Hommages rendus à la mémoire de M. de Franqueville. — Un hommage universel a été rendu à la mémoire de M. de Franqueville. De tous les points de la France, les hommes les plus considérables ont adressé à son fils l'expression de leur vive sympathie et de leur estime profonde pour son père.

La famille de M. de Franqueville conservera, avec un légitime orgueil, les discours prononcés à Aix et à Versailles, et la collection des lettres écrites par tant de personnages considérables, parmi lesquels nous citerons :

1. Tous ces discours se trouvent reproduits *in extenso* au journal officiel du 6 septembre 1876.

LL. AA. RR. Mgr le comte de Paris; Mgr le duc de Nemours; Mgr le duc d'Aumale;

MM. Thiers, Magne, Rouher, Béhic, le baron de Larcy, anciens ministres des travaux publics, Vuitry, Paul Andral, etc., etc.

Les Conseils d'administration des compagnies du Nord, de l'Est, du Midi, de l'Ouest, du chemin de fer de Ceinture, prirent des délibérations dans lesquelles est consignée l'expression de leurs regrets, et qui furent envoyées à M. Charles de Franqueville.

Nous ne pouvons reproduire ici toutes ces lettres; nous en détacherons seulement deux, celles qui furent écrites par M. Rouher et par M. Thiers.

Extrait d'une lettre de M. Rouher, député, ministre des travaux publics de 1855 *à* 1863.

« J'ai vivement ressenti le malheur inopiné et cruel qui vous a enlevé votre père et qui a privé l'État d'un de ses serviteurs les plus éminents. A travers les vicissitudes de la politique, j'avais conservé à de Franqueville la plus sincère affection et la plus haute estime. Notre longue collaboration m'avait permis d'apprécier toute l'étendue de ses facultés. Nous avons écrit ensemble les articles de la constitution des chemins de fer en France. Malgré les attaques aveugles ou inspirées par des passions cupides, cette constitution est restée debout; elle n'a, pas plus que la liberté commerciale, pu être remontée par le flot révolutionnaire. Aussi le nom de votre père occupera-t-il une grande et brillante place dans l'histoire économique de notre pays. Ce sont là pour vous, Monsieur, des causes d'atténuation de votre légitime douleur, en même temps que de justes motifs de fierté et de reconnaissance filiale pour Celui qui n'est plus.

« De Franqueville meurt pauvre, je n'en éprouve aucune surprise. Il était trop inféodé à ses fonctions pour avoir le souci de l'accroissement de sa fortune, et cette rigoureuse probité, qui est heureusement l'apanage du grand nombre, le tenait à dédaigneuse distance des sources faciles de la richesse.

« Je partage votre affliction, Monsieur, et conserverai toujours à votre père le souvenir affectueux et attristé que le cœur garde à un ami dévoué. »

Extrait d'une lettre de M. A. Thiers, député de la Seine, ancien Président de la République.

« J'ai appris, avec le plus vif regret, la mort, pour moi si imprévue, de votre très-honorable père, l'un des hommes pour lesquels j'ai eu le plus d'estime et le plus d'amitié. Dans ma très-longue carrière, je n'ai pas trouvé d'homme plus capable, plus droit que M. de Franqueville. Il a été, selon moi, dans le demi-siècle auquel j'ai assisté, l'un des personnages qui ont rendu à la France les services les plus réels et les plus sérieux. Sans lui, je ne sais pas comment on aurait pu faire pour sauver l'intérêt général du cahot des intérêts particuliers, dans la partie la plus importante de l'administration, celle des travaux publics. Il a constamment opposé aux cupidités particulières, si ardentes dans ce siècle, l'intérêt vrai de l'État et un bon sens supérieur.

« Pour moi, il m'a laissé un souvenir ineffaçable, et je n'oublierai jamais notamment les services très-grands qu'il m'a rendus pendant et surtout après la dernière guerre. Il m'a puissamment aidé à réparer les maux de cette affreuse guerre, et je l'ai dit en dernier lieu encore à tous les membres de la Commission du budget, qui avaient à s'occuper de sa situation.

« Je suis heureux de pouvoir payer à sa mémoire ce tribut de gratitude et de vieille affection, et de le remettre à son honorable fils. »

Lorsque deux hommes politiques considérables, appartenant à deux partis si opposés, apportent à la mémoire de M. de Franqueville un pareil témoignage, on peut affirmer que le dernier directeur général des ponts et chaussées et des chemins de fer a été un grand citoyen et un grand serviteur de son pays.

Vœu exprimé par la ville de Cette. — La ville de Cette a tenu à honneur de consacrer le souvenir des services qui lui ont été rendus par M. de Franqueville. La Chambre de commerce a émis le vœu que le bassin projeté à l'est de la jetée de Frontignan reçût le nom de *Bassin de Franqueville*. Un décret du 13 novembre 1876 a fait droit à ce vœu. Si nous sommes bien informé, d'autres villes doivent suivre cet exemple et honorer, sous des formes diverses, la mémoire du directeur général des ponts et chaussées et des chemins de fer.

Grandeur de l'œuvre accomplie par M. de Franqueville. — Nous venons de dire quelle a été la vie de M. de Franqueville. Elle se résume en deux mots : le *travail* et le *dévouement à son pays*. Dieu lui avait donné des aptitudes merveilleuses; mais depuis son enfance jusqu'à son dernier jour, pendant soixante années, il a travaillé, on l'a dit, avec acharnement, et, en tout cas, comme bien peu de personnes ont su le faire.

Il a occupé, dans l'État, une succession de postes élevés, et il était arrivé à une situation considérable et exceptionnelle, mais qu'il ne devait qu'à lui-même. Chaque fois qu'il obtenait un nouveau grade dans sa carrière, il se croyait obligé de reconnaître cet avancement par un travail plus grand encore, et il l'écrivait bien simplement à ses amis. On critique souvent l'organisation de la société moderne; on cite, dans les fonctions publiques, des avancements imprévus et que l'on dit immérités; on attribue à l'intrigue et à la faveur un rôle qu'elles n'ont pas toujours, Dieu merci, et qu'en tout cas elles n'ont pas rempli, un seul jour, dans la vie de M. de Franqueville.

Maintenant le pays a-t-il recueilli du labeur de M. de Franqueville un fruit utile et durable? Nous n'hésitons pas à répondre affirmativement, et à dire que son œuvre a été l'une des plus grandes qui aient été accomplies de notre temps.

La France présente souvent un spectacle singulier. D'immenses travaux s'exécutent chez elle, l'industrie s'organise, des choses véritablement grandes et belles se fondent et se développent, personne n'y prend garde, ou plutôt on n'y songe que pour en signaler, en exagérer même les imperfections. En revanche, tout ce qui se fait à l'étranger a le don d'exciter notre admiration; on voudrait même implanter chez nous des institutions qui ne conviennent ni à notre caractère, ni aux besoins de notre pays.

En ce qui concerne les voies ferrées, toutes les nations cherchent la solution du grand problème des rapports à établir entre l'État et les chemins de fer; la France seule a trouvé cette solution, tout le monde, à l'étranger, le reconnaît et le proclame, mais, chez nous, on dit que tout est à refaire.

Rapports entre les chemins de fer et l'État. — Les chemins de fer sont, personne ne le conteste, le plus puissant instrument de transformation qui, depuis l'imprimerie, soit sorti de la main des hommes; aucun État ne saurait demeurer étranger à leur création et à leur fonctionnement; mais quels principes doit-on suivre à cet égard?

L'État, pour ne prendre que les grands traits des choses, doit-il construire et exploiter lui-même les chemins de fer? Doit-il, au contraire, les abandonner complétement à l'industrie privée? Est-il possible de trouver une combinaison mixte qui réunisse les avantages que peut donner la réalisation des deux premières hypothèses?

Dans la première de ces hypothèses, l'État commence par se charger d'une dette énorme ; il ne peut demander qu'à l'impôt et à l'emprunt le capital nécessaire à la construction des lignes ; puis, celles-ci une fois faites, il assume, s'il les exploite, une immense responsabilité. Tous les incidents que peut provoquer le détail de l'exploitation se transforment en griefs politiques. Si un train est en détresse ou seulement en retard, si un colis est avarié ou perdu, c'est le Gouvernement qui est coupable et qui est incriminé ; d'un autre côté, si le commerce a réellement à se plaindre d'une exploitation faite par l'État, qui prendra la défense des intérêts du public contre une armée de fonctionnaires ?

Dans la seconde hypothèse, l'État se borne à assister aux luttes qu'engendre le système de la liberté illimitée. On multiplie les lignes dans les régions les plus riches du pays, puis on s'aperçoit que, là où une ligne aurait suffi, on en a fait deux, et qu'il n'y en a pas dans des régions moins riches, et qui cependant auraient eu bien besoin d'une voie de fer. Il faut alors que les recettes couvrent l'intérêt d'un double capital, et la concurrence a pour conséquence *l'élévation des tarifs*[1].

1. Ce fait est aujourd'hui hors de toute contestation ; il a été établi en Angleterre au moment de la grande enquête sur les ta-

Solution en Belgique. — Toutes les nations de l'Europe sont, en ce moment même, aux prises avec les plus sérieuses difficultés.

En Belgique, l'État, propriétaire des lignes principales du pays, s'est aperçu qu'à côté de ces lignes se constituaient des artères nouvelles, et, pour éviter la concurrence, il rachète, à grand prix, des chemins qui font double, triple ou quadruple emploi; puis, chaque parti politique se fait une arme de l'abaissement des tarifs, et on peut prévoir le moment où le capital consacré à la construction des chemins de fer ne recevant aucune rémunération, il faudra demander cette rémunération à l'impôt.

Solution en Allemagne. — En Allemagne, mêmes difficultés. Propriétaire d'une partie des lignes, le gouvernement impérial voudrait racheter toutes les autres; mais, s'il étendait à l'ensemble du réseau les expériences qu'il a tentées en Alsace-Lorraine sur les tarifs, il faudrait ouvrir un grand-livre de la dette publique comprenant à peu près tout le capital de la construction.

rifs, et, en Belgique, M. Jamar, ministre des travaux publics, a déclaré, à la tribune, que les effets de la concurrence étaient essentiellement éphémères et qu'elle aboutissait toujours à un renchérissement des transports.

En Austro-Hongrie, en Italie, les gouvernements ont construit des lignes; ils les ont vendues; ils les rachètent à des prix qui ruinent les actionnaires, étrangers il est vrai; puis, le rachat opéré, en Italie notamment, on se demande ce que l'on va faire, c'est-à-dire s'il faut garder les lignes ou s'il ne convient pas, au contraire, de les vendre à nouveau ou au moins de les affermer.

Solution en Angleterre. — En Angleterre, le Parlement multiplie les enquêtes; le public s'étonne de voir les compagnies se fondre les unes dans les autres et constituer des associations qui ressemblent absolument aux compagnies françaises; on s'afflige du régime des concessions perpétuelles et on cherche s'il ne vaudrait pas mieux doter le pouvoir central de moyens de contrôle qui semblent lui avoir fait défaut jusqu'ici.

Solution aux États-Unis. — Quant aux États-Unis d'Amérique, le régime de la liberté absolue a peut-être produit des fruits abondants, mais, pour la plupart, bien amers. Une note, écrite de la main de M. de Franqueville et portant la date du 1er mars 1876, contient, au sujet des *chemins de fer en faillite* aux États-Unis, les renseignements ci-après, recueillis dans des journaux américains :

Le nombre des compagnies de chemins de fer tombées en faillite au 31 janvier 1876 s'élevait à 125.

Leur passif, *en obligations seulement*, était de	4.155.028.624 fr.
Sur ce chiffre, il a été fourni par les Américains.	2.824.728.624
Par les étrangers	1.330.300.000

Ce calcul néglige le capital-actions entièrement perdu[1], ainsi que les augmentations passagères attribuées aux obligations par les spéculateurs ou leurs dupes.

Le nombre des voies construites dépasse les besoins industriels du pays ; l'état d'entretien d'une certaine quantité laisse beaucoup à désirer, et on peut trouver, dans ce fait, l'explication de ces accidents épouvantables qui surprennent si souvent les lecteurs européens.

Le pays a-t-il au moins obtenu, de cette surabondance de lignes, des prix extraordinairement réduits? Une dépêche publiée, il y a quelques

1. Sur bien des lignes, le capital-actions paraît n'avoir jamais existé que sur le papier. On ne demandait au public que des obligations. Ce système a été importé en Europe.

jours, par les journaux français, va nous répondre :

« La guerre des chemins de fer américains est terminée. Les lignes du New-York central, de l'Érié, de l'Ohio et de la Pensylvanie, ainsi que *quarante-deux autres*, ont contracté *samedi* un arrangement par lequel elles consentent une base permanente et uniforme des tarifs. Les tarifs du fret des marchandises destinées aux villes situées sur la côte et aux ports de mer sont augmentés de plus de cinquante pour cent. L'exécution de ces nouveaux tarifs doit commencer demain *lundi.* »

Le Gouvernement local ou fédéral est absolument désarmé devant de pareils faits.

La France seule a trouvé la solution. — La France seule nous paraît avoir résolu, en matière de chemins de fer, le problème si difficile de la conciliation de ces deux grands principes : *l'autorité et la liberté*.

Le territoire a été divisé en six grandes circonscriptions, et, dans chacune d'elles, tous les chemins de fer ont été, sauf quelques exceptions peu importantes, concédés à une même compagnie.

Des cahiers des charges, très-bien conçus, définissent les droits de l'État et ceux des concessionnaires. Libres de se mouvoir dans des limites déterminées, les Conseils d'administration de ces compagnies et les chefs de service investis de leur confiance s'efforcent, à l'envi, de développer les relations commerciales, de les créer même là où elles n'existent pas encore.

Dans chaque réseau, les différents modes d'exploitation technique, les perfectionnements à apporter au matériel roulant, les questions relatives au mode de recrutement, aux caisses de secours, aux pensions de retraite d'un personnel qui comprend aujourd'hui plus de deux cent mille hommes, tous ces problèmes sont étudiés, chaque jour, avec ardeur et dans des vues différentes, mais dont la diversité même est une garantie de progrès véritable et de succès.

En même temps, l'État, investi de droits considérables par ces mêmes cahiers des charges, exerce sur les compagnies une surveillance de tous les instants.

Par les ingénieurs du contrôle et tout le personnel du commissariat, il est instruit du moindre incident qui se produit sur les voies.

Aucune taxe n'est perçue sans avoir été homologuée, c'est-à-dire sans que, par un examen approfondi, il ait été constaté qu'elle est conforme aux conditions du contrat.

Par l'inspection des finances, l'État pénètre

dans tous les détails de la comptabilité des compagnies.

En temps de paix, on le voit, l'État est en mesure d'intervenir à tous instants dans la gestion même des compagnies de chemins de fer et de protéger le public, s'il en était besoin, contre ce qu'on appelle l'*omnipotence du monopole*.

En temps de guerre, c'est bien autre chose. Le matériel immense des compagnies : machines, voitures et wagons, leur nombreux personnel discipliné et hiérarchisé, passent, du jour au lendemain, à la disposition de l'État ; les ateliers des compagnies, véritables arsenaux, sont prêts à exécuter les commandes les plus diverses, à moudre du blé et à fabriquer des armes.

Enfin, dans quatre-vingts ans, le réseau total, qui aura coûté près de quinze milliards, sera complétement amorti ; tout le capital-actions et obligations aura été remboursé par des prélèvements annuels sur les recettes de l'exploitation, et l'État entrera en pleine possession d'une propriété suffisante pour éteindre la dette publique.

Voilà ce qui existe en France, ce que les étrangers étudient et admirent, en regrettant que, chez eux, on se soit écarté, dans un sens ou dans l'autre, de ce système d'équilibre entre l'État et les compagnies, de ce que, dans les enquêtes anglaises, on a nommé le *Système fran-*

çais, ne craignons pas d'ajouter le *Système de M. de Franqueville.*

On peut définir ce système en peu de mots :

L'association de l'État et des compagnies, constituée en vue d'assurer l'achèvement du réseau national, les bénéfices des lignes prospères étant reportés, en partie, sur les lignes improductives.

Aucune industrie, dans aucune nation, n'a réalisé un pareil programme.

Caractère de M. de Franqueville. — Cette Notice serait incomplète, si nous ne cherchions pas à rappeler quelques souvenirs se rattachant à la personne même de M. de Franqueville. Il était d'une taille élevée, un peu courbé dans ces dernières années; il était demeuré très-mince. Je le vois, il y a trente-cinq ans. On eût difficilement trouvé un cavalier plus accompli et possédant plus de grâce et de distinction; la distinction, il l'a gardée jusqu'à son dernier jour : la grâce avait été remplacée par l'aménité de l'homme qui occupe un poste élevé.

S'il disait à celui de ses camarades d'école qui l'appelait *Monsieur le directeur général :* « Tu te moques de moi », aucun ingénieur n'oubliait qu'il parlait à son directeur général.

Nous avons dit ses relations avec ses trente-cinq ministres. Il n'est peut-être pas un de ces personnages politiques qui ne soit demeuré son ami. Au ministère, — nous ne dirons pas au-dessous de lui, il avait l'art infini d'élever en apparence jusqu'à lui le plus modeste de ses collaborateurs, — il a rencontré toujours le plus absolu, le plus respectueux dévouement. Jamais une parole dure ni même sévère; si, dans les nombreux documents qui passaient sous ses yeux, une erreur était commise, — et il avait pour les découvrir un don merveilleux, — il ne songeait pas à réprimander le coupable, il cherchait avec lui le moyen de redresser cette erreur.

La porte de son cabinet était rarement fermée, et il recevait toutes les personnes qui avaient à lui parler. Souvent ses préoccupations étaient extrêmes : il souffrait en outre assez fréquemment. Lui annonçait-on une visite : préoccupations, souffrances, tout paraissait oublié, et le visiteur se retirait convaincu que le directeur général n'avait pas à songer à une affaire autre que celle dont il venait de l'entretenir, peut-être de l'ennuyer.

M. de Franqueville avait, du reste, une qualité précieuse : il n'oubliait aucune affaire. En fait de travaux publics, il gardait toujours le souvenir du point précis où une question était arrêtée; il savait quel était le document promis ou réclamé et il disait ce qu'il fallait faire pour aller en avant.

Il traitait à la fois les affaires les plus dissemblables. Souvent, pendant que nous discutions avec lui des questions relatives aux chemins de fer de l'Est, un de ses chefs de service entrait, s'excusant de l'interrompre, mais lui demandant une instruction pour une affaire urgente. La chose pouvait concerner la Bretagne ou les Hautes-Pyrénées. M. de Franqueville savait, à l'instant, ce dont il s'agissait, et il répondait de la manière la plus précise; après deux ou trois incidents de ce genre, il reprenait la discussion au point, au mot même où elle avait été suspendue.

Sur les questions de législation, de jurisprudence, de précédents, comme on dit en administration, sa mémoire était prodigieuse; il retrouvait, sans effort apparent, le texte dont il avait besoin. Au moment où les lois concernant les travaux publics allaient être soumises aux délibérations des Chambres, M. de Franqueville avait véritablement la fièvre. Tous les budgets antérieurs, tous les documents relatifs à la question qui allait être débattue à la tribune étaient revus, analysés par ses chefs de service ou par lui, et classés dans sa tête avec un ordre admirable. Nous lui disions qu'il se rappelait ses examens de sortie de l'École polytechnique. Il se creusait la tête pour savoir sur quels points il pourrait bien être interrogé ; il cherchait, et, pour parler le langage de l'École, il piochait tous les cas possibles. Le grand jour arrivait ; la loi était votée sans observation, ou sans observation comportant une réponse qui utilisât le labeur auquel M. de Franqueville et ses collaborateurs s'étaient livrés.

Probité. — Un dernier mot. Faut-il parler de la probité de M. de Franqueville ? J'ai longtemps hésité à le faire ; il me semblait que c'était presque faire injure à sa mémoire. J'ai parcouru un grand nombre de notices consacrées à d'éminents ingénieurs des ponts et chaussées ou des mines, jamais on n'a songé à dire qu'ils avaient été de très-honnêtes gens ; la chose est trop naturelle.

J'ai cependant trouvé une exception à ce silence si général. Voici en quels termes, dans une notice trop peu connue[1] et à laquelle nous avons déjà emprunté quelques lignes, un grand écrivain parle d'un grand administrateur ; voici ce que M. Villemain écrivait de son condisciple, M. Legrand :

« Jamais homme ne porta plus loin et ne

1. *Biographie générale*, publiée par M. Didot.

maintint pour soi, avec plus de scrupule, ce désintéressement qui, sans doute, est un devoir, mais qu'on peut, à cause des exemples contraires, nommer souvent une vertu. Contribuant à la répartition de tant de secours et parfois de faveurs, consulté à l'origine pour la direction de tant d'entreprises, Legrand, sous aucun prétexte, sous aucune forme, ne voulut jamais accepter, ni même acquérir, à titre direct ou indirect, la moindre part dans les avantages que ces entreprises pouvaient offrir. Aussi, durant une influence administrative de plus de vingt ans, son modique patrimoine ne s'augmenta pas dans la plus légère proportion.... Il ne laisse à ses enfants, en son nom, que ce qu'il avait lui-même reçu en héritage, une somme de soixante mille francs. Quant à la fortune de sa femme et de ses enfants, bien plus attentif à la conserver irréprochable qu'à l'accroître, il évita soigneusement d'en rien placer sur aucune des entreprises formées en France et dont il aurait pu seconder ou seulement pressentir le succès. »

Nous ne pouvons, à notre grand regret, pour louer dignement M. de Franqueville, trouver des termes aussi délicats ; la plume de M. Villemain ne se transmet pas, mais nous dirons :

A une époque pendant laquelle faire fortune a été le but suprême pour bien des gens, un ingénieur a traité, pendant quarante années, les plus grandes affaires industrielles de son pays ; il a rédigé, de sa main, des conventions relatives à des travaux qui ont coûté plus de dix milliards de francs. Les combinaisons financières que cet ingénieur a imaginées et soutenues à la tribune ont sauvegardé la fortune d'un nombre immense de familles. Cet homme de bien a laissé à son fils trois mille livres de rente représentées par un grand nombre de titres. Quand M. de Franqueville avait économisé deux mille francs, il achetait cent francs de rente.

Voilà ce qu'ont été, au siècle des manieurs d'argent, M. Legrand et M. de Franqueville.

La probité de M. de Franqueville était, du reste, universellement connue, et, pour lui rendre hommage, on s'est servi un jour d'une expression bien forte. Après avoir dit qu'il repousserait des demandes de concessions nouvelles faisant double emploi avec des chemins existants, le directeur général ajoutait qu'il n'était nullement hostile aux personnes, mais qu'il n'avait qu'une ligne de conduite : suivre ce qui lui paraissait être l'intérêt du pays. « Nous ne le savons que trop, lui répondit son interlocuteur, *c'est ce qui vous rend si formidable.* »

Inflexible lorsqu'il s'agissait des intérêts de l'État, M. de Franqueville était presque sans défense devant les appels faits à sa propre bourse; le nombre des demandes qu'il recevait était considérable, et on éprouvait bien rarement un refus. Tous ceux qui s'adressaient à lui étaient sûrs d'être écoutés, si humble que fût leur position. Il avait une sympathie particulière pour les veuves qui avaient des fils à élever, et rien ne lui coûtait pour leur venir en aide : « Cela me rappelle ma mère, disait-il; si elle n'avait pas trouvé des appuis, si quelques bons amis ne l'avaient pas aidée, que serait-elle devenue? Que serais-je aujourd'hui moi-même? J'éprouve une véritable jouissance à pouvoir faire pour les autres ce qui a été fait jadis pour nous. »

Peut-être sa bonté est-elle devenue quelquefois de la faiblesse. Peut-être ses bienfaits n'étaient-ils pas tous mérités. Ses amis le lui disaient; il le reconnaissait et il recommençait.

Buste à élever à M. de Franqueville. — Il n'existe pas de bon portrait de M. de Franqueville. On peut le reconnaître dans un grand tableau de Lazerges représentant l'empereur Napoléon III distribuant des secours aux inondés de Lyon; mais cela est bien insuffisant. Quelques cartes photographiées ont été faites dans les derniers mois de sa vie; on a pu, avec elles, obtenir la gravure placée en tête de cette notice. Il eût fallu le pinceau d'un grand peintre pour fixer sur la toile une figure fine et sérieuse, qui s'illuminait souvent d'un bon et franc sourire.

L'École des ponts et chaussées possède les bustes de Trudaine, de Lamblardie, de Prony, de Fresnel et celui de M. Legrand ; la salle des séances du conseil de l'École contient la collecion des portraits des ingénieurs éminents qui, depuis Perronet, ont dirigé ce grand établissement.

Prenant une initiative qui l'honore, le Conseil général des ponts et chaussées a demandé que le buste en marbre de M. de Franqueville fût placé dans une des salles de l'École ; cette proposition a été accueillie avec le plus vif empressement par M. le Ministre des travaux publics.

Nous demandons plus encore : le buste de ce grand serviteur du pays a droit, au palais de Versailles, à une place dans les longues galeries consacrées au souvenir de toutes les gloires de la France.

ÉTATS DE SERVICE

DE M. DE FRANQUEVILLE

(ALFRED-CHARLES-ERNEST-FRANQUET.)

Né à Cherbourg (Manche) le 9 mai 1809.

Décédé à Aix-les-Bains (Savoie), 29 août 1876.

1° CORPS DES PONTS ET CHAUSSÉES.

20 novembre 1829.	Élève ingénieur.
1er mai 1833.	Aspirant ingénieur.
20 mars 1835. . . .	Ingénieur ordinaire de deuxième classe.
5 mai 1840.	Ingénieur ordinaire de première classe.
1er décembre 1845.	Ingénieur en chef de deuxième classe
23 janvier 1852. . .	Ingénieur en chef de première classe.
23 janvier 1855. . .	Inspecteur général de deuxième classe.
21 juin 1863. . . .	Inspecteur général de première classe.

2° ADMINISTRATION CENTRALE DES TRAVAUX PUBLICS.

23 octobre 1838. . . Chef de la section de la navigation.
22 décembre 1841. Chef de la division de la navigation et des ports.
15 novembre 1853. Directeur des ponts et chaussées.
12 juillet 1855. . . . Directeur général des ponts et chaussées et des chemins de fer.

3° CONSEIL D'ÉTAT.

19 septembre 1857. Conseiller d'État en service ordinaire hors section.
17 août 1872. . . . Conseiller d'État en service extraordinaire.

4° CONSEILS ET COMMISSIONS.

10 novembre 1854. Membre du Comité consultatif des chemins de fer.
2 octobre 1858. . . Vice-président du Conseil supérieur du drainage.
28 novembre 1858. Membre du Conseil général de la Côte-d'Or.

5 août 1861. . . . . Vice-président du Conseil général de la Côte-d'Or.
12 mai 1869. . . . . Commissaire français pour le règlement de l'affaire des chemins de fer belges.
18 novembre 1869. Membre du Conseil supérieur du commerce, de l'agriculture et de l'industrie
10 août 1870. . . . Vice-président du Conseil général des ponts et chaussées.
6 janvier 1872. . Vice-président de la Commission centrale des chemins de fer.
10 octobre 1872. . . Membre du Conseil supérieur de la guerre.

5° ORDRE DE LA LÉGION D'HONNEUR.

21 août 1842. . . . Chevalier.
16 novembre 1848. Officier.
14 août 1861. . . . Commandeur.
12 août 1868. . . . Grand officier.

6° ORDRES ÉTRANGERS.

6 octobre 1857. . . Commandeur de la Couronne de chêne (Pays-Bas)

1er mai 1861. . . . Commandeur de première classe du Lion de Zähringen (Bade).

5 janvier 1864. . . Commandeur, avec plaque, du Christ (Portugal).

16 juillet 1867. . . Grand officier de Léopold (Belgique).

17 juillet 1870. . . . Grand-croix de Saint-Grégoire-le-Grand (États-Pontificaux).

TABLE DES MATIÈRES

CHAPITRE I

ENFANCE ET JEUNESSE DE M. DE FRANQUEVILLE; SES TRAVAUX JUSQU'A SON ENTRÉE AU MINISTÈRE DES TRAVAUX PUBLICS (1809-1838)

Enfance de M. de Franqueville............................ Page 3
Collége Louis-le-Grand.. 6
École polytechnique.. 7
École des ponts et chaussées...................................... 9
Mission au Conseil général des ponts et chaussées.................. 11
Traduction du traité de Nich. Wood sur les chemins de fer......... 13
Séjour à Soissons.. 14
Nomination au service ordinaire à Paris............................. 16
Entrée au ministère des travaux publics............................. 17
Mariage de M. de Franqueville...................................... 17

CHAPITRE II

MINISTÈRE DES TRAVAUX PUBLICS.—SECTION DE LA NAVIGATION.—DIRECTION DES PONTS ET CHAUSSÉES (1838-1855)

Organisation du service sous l'administration de M. Legrand........ 19
Section de la navigation... 20
Rachat des canaux.. 21
Propositions relatives à l'affermage des canaux..................... 24
Exécution du canal latéral à la Garonne et du canal de la Marne au Rhin. 25
Départ de M. Legrand... 25
Révolution de 1848. Ateliers nationaux............................... 26
Cours professé au Collége de France.................................. 28
Années 1850-1851-1852. Chagrins de famille.......................... 33
Direction des ponts et chaussées...................................... 36
Années 1853-1855.. 37

CHAPITRE III

DIRECTION GÉNÉRALE DES PONTS ET CHAUSSÉES ET DES CHEMINS DE FER.
(1855-1876)

PREMIÈRE PARTIE : 1855-1870.

Situation de l'industrie des chemins de fer.................... 42
Crise de 1840.......... 43
Crise de 1847 à 1852... 44
Concessions de 1852 à 1855. 44
Premières fusions des compagnies entre elles.................. 45
Années 1856 et 1857... 46
Lutte entre les chemins de fer et les voies navigables. Canal et chemin de fer du Midi.. 47
Crise de 1857-1858.. 51
Lois présentées en 1859....... 52
Garantie d'intérêt. Division des concessions en deux réseaux........ 53
Vérification des comptes des compagnies....................... 60
Concessions de 1859 à 1870.................................... 61
Conseil d'État..... 63
Session législative de 1865................................... 65
Discours du 21 juin 1865 65
Loi sur les chemins de fer d'intérêt local.................... 70
Travaux du service des ponts et chaussées..................... 72
Travaux destinés à prévenir les ravages des inondations... 73
Conseil supérieur du commerce, de l'agriculture et de l'industrie... 77
Solution de l'incident franco-belge........................... 78
Conseil général de la Côte-d'Or............................... 82
Questions relatives au personnel du corps des ponts et chaussées.... 83

CHAPITRE IV

DIRECTION GÉNÉRALE DES PONTS ET CHAUSSÉES ET DES CHEMINS DE FER
(1855-1876)

DEUXIÈME PARTIE : 1870-1876.

Nomination à la vice-présidence du Conseil général des ponts et chaussées....... 87
Guerre de 1870-1871... 90

Journée du 4 septembre 1870. Mort de Mme de Franqueville mère... 92
Séjour à Tours et à Bordeaux.. .. 92
Relations avec le gouvernement de la Défense nationale............ 94
Correspondance de M. de Franqueville avec sa famille............. 94
Relations avec M. Thiers.. 95
Retour à Paris et départ pour Versailles.......................... 96
Mort de Mgr Darboy.. 98
Conseil supérieur de la guerre.. 99
Attaques contre l'administration de M. de Franqueville............ 99
Loi relative au chemin de fer de l'Est en 1873..................... 106
Travaux excessifs et fatigue de M. de Franqueville................ 108
Concessions faites en 1875.. 110
Abaissement continu dans le prix des transports des marchandises... 111
Budget de 1877. Testament administratif de M. de Franqueville...... 112
Suppression de la fonction de directeur général des ponts et chaussées et des chemins de fer.. 115

CHAPITRE V

DERNIERS JOURS DE M. DE FRANQUEVILLE. — HOMMAGES RENDUS A SA MÉMOIRE. — GRANDEUR DE L'ŒUVRE ACCOMPLIE.

Séjour à Aix-les-Bains.. 121
Cérémonie funèbre à Aix.. 124
Obsèques à Versailles.. 126
Hommages rendus à la mémoire de M. de Franqueville............ 127
Lettre de M. Rouher.. .. 128
Lettre de M. Thiers.. 129
Vœu exprimé par la ville de Cette.. 131
Grandeur de l'œuvre accomplie.. 131
Rapports entre les chemins de fer et l'État......................... 133
Solution en Belgique.. 135
Solution en Allemagne.. 135
Solution en Angleterre.. 136
Solution aux États-Unis.. 136
La France seule a trouvé la solution.................................. 138
Caractère de M. de Franqueville.. 141
Probité.. 144
Buste à élever à M. de Franqueville.. 147
États de service.. 149

Typographie Lahure, rue de Fleurus, 9, à Paris.

PARIS. — TYPOGRAPHIE LAHURE
Rue de Fleurus, 9

www.ingramcontent.com/pod-product-compliance
Ingram Content Group UK Ltd.
Pitfield, Milton Keynes, MK11 3LW, UK
UKHW031851260826
14628UKWH00002B/712

9 782014 029062